Theoretische Fundierung einer Coaching-Wissenschaft

Reviewed Research. Auf den Punkt gebracht.

Springer VS Results richtet sich an AutorInnen, die ihre fachliche Expertise in konzentrierter Form präsentieren möchten. Externe Begutachtungsverfahren sichern die Qualität. Die kompakte Darstellung auf maximal 120 Seiten bringt ausgezeichnete Forschungsergebnisse „auf den Punkt".
Springer VS Results ist als Teilprogramm des Bereichs Springer VS Research besonders auch für die digitale Nutzung von Wissen konzipiert. Zielgruppe sind (Nachwuchs-)WissenschaftlerInnen, Fach- und Führungskräfte.

Günter Bitsch

Theoretische Fundierung einer Coaching-Wissenschaft

RESULTS

Günter Bitsch
becos GmbH
Stuttgart, Deutschland

ISBN 978-3-531-19790-6 ISBN 978-3-531-19791-3 (eBook)
DOI 10.1007/978-3-531-19791-3

Die Deutsche Nationalbibliothek verzeichnet diese Publikation in der Deutschen Nationalbibliografie; detaillierte bibliografische Daten sind im Internet über http://dnb.d-nb.de abrufbar.

Springer VS

Gedruckt auf säurefreiem und chlorfrei gebleichtem Papier

Springer VS ist eine Marke von Springer DE. Springer DE ist Teil der Fachverlagsgruppe Springer Science+Business Media.
www.springer-vs.de

Krieg dem Ganzen, zeugen wir für das Nicht-Darstellbare, aktivieren wir die Widerstreite, retten wir die Ehre des Namens

Jean-François Lyotard

Schluss-Satz des Aufsatzes „Beantwortung der Frage: Was ist postmodern?“

Inhaltsverzeichnis

Abbildungsverzeichnis

Tabellenverzeichnis

Abkürzungsverzeichnis

BWL .... Betriebswirtschaftslehre
bzw. .... beziehungsweise
ca. .... circa
DIM .... differenzielles Inkongruenzmodell
ggfs. .... gegebenfalls
i.d.R. .... in der Regel
LMU .... Ludwig-Maximilians-Universität
LOCCS .... The Linguistics of Coaching, Consulting & Supervision
u.a. .... unter anderem; und andere
VEE .... Verbalisieren emotionaler Erlebnisinhalte
vgl. .... vergleiche
vs. .... versus
ZfbF .... Zeitschrift für betriebswirtschaftliche Forschung

1 Einleitung

1.1 Problemstellung und Zielsetzung

Das Phänomen „Coaching" erhält in den letzten Jahren – insbesondere im arbeitsweltlichen Kontext – verstärkte Aufmerksamkeit und gewinnt zunehmend an Bedeutung[1]. Während die einen Coaching u.a. als das gefragteste Format unter den Personalentwicklungsinstrumenten betrachten[2], sehen andere es als Psychoblase und bezeichen es als „Droge" für die Führungskraft[3]. Ausgehend von diesem Spannungsfeld wird die Hypothese vertreten, dass Coaching sich zur Zeit als eigenständiges Wissensgebiet entwickelt bzw. sich an der Schwelle dazu befindet.

Die Entwicklung eines Wissensgebietes kann dabei konzeptionell in unterschiedliche Phasen aufgeteilt werden. Ausgangspunkt der Entwicklung eines eigenständigen Gebietes sind häufig konsistente raum-zeitliche Problemlösungscluster. Auftretende Probleme oder Fragestellungen können von anderen Wissensgebieten nicht oder nicht mehr mit ausreichendem Lösungspotential beantwortet werden oder prinzipiell neue Lösungsansätze versprechen quantitativ und/oder qualitativ bessere Ergebnisse. Häufig sind die neue Lösungsansätze dabei räumlich und zeitlich konzentriert auf eine bestimmte Region und/oder auf eine bestimmte Zeitspanne. Aufbauend auf den ersten Erfolgen der neuen Ansätze bilden sich durch Differenzierung zunehmend unterschiedliche „Schulen"[4], die häufig durch charismatische Pioniere vorangetrieben werden. Während in den beiden vorangegangenen Phasen der Schwerpunkt auf Problemlösung bzw. Differenzierung der inhaltlichen Methoden und Verfahren lag, wird in der nächsten Phase der Fokus auf die Legitimation von außen gelegt. Mittels allgemein akzeptierter Verfahren

---

1 Taffertshofer (2009, S. 29f) spricht hier sogar von einem „Coaching-Boom" und belegt dies anhand einer Printmedienanalyse.

2 Vgl. Stephan & Gross (2011, S. 4).

3 Vgl. Lesch (2011, S. 137f).

4 Für die Psychologie sei dies beispielhaft anhand der Freiburger Schule um Hugo Münsterberg (vgl. Walach, 2009, S. 185–188) und der Würzburger Schule (vgl. Walach, 2009, S. 191–195) gezeigt.

bzw. Methoden wird eine externe Legitimation angestrebt. Wird diese externe Legitimation erreicht, so erfolgt der Übergang zur KUHN'schen Normalwissenschaft[5], die durch eine Verständigung der Mitglieder auf gemeinsame Werte sowie auf ein gemeinsames Paradigma gekennzeichnet ist. Unter Paradigma sollen in diesem Zusammenhang gemeinsame Sprachspiele sowie gemeinsam akzeptierte Erklärungs- und Bewertungsmodelle verstanden werden. Die Tabelle 1.1 stellt die Phasen nochmals schematisch dar.

Tab. 1.1. Bildungsphasen von Wissenschaften (Quelle: Eigene Darstellung)

Phase	Beschreibung
1	Es bilden sich konsistente raum-zeitliche Problemlösungscluster → generalisierte Lösungen/Lösungsstrategien machen Sinn
2	Methoden und Verfahren differenzieren sich zunehmend → „Schulen"-Bildung, charismatische Pioniere
3	Externe Legitmation wird angestrebt → Wirksamkeit als Nachweis für Externe (für Coaching: Künzli (2009); Greif (2008); Greif (2009); Maurer (2009); kritisch Kühl (2008, S. 86f)), übergreifende Verbandsbildung
4	Verständigung auf gemeinsame Grundlagen, Abgrenzung zu anderen Wissensgebieten → gemeinsame Sprachspiele, gemeinsam akzeptierte Erklärungs- und Bewertungsmodelle

Bezogen auf das Wissensgebiet „Coaching" wird die Hypothese vertreten, dass sich die Entwicklung zwischen der Phase 3 und 4 befindet. Als Indikator hierfür können die zunehmenden Fachkongresse[6] zu dem Themenbereich sowie aktuelle Veröffentlichungen[7] herangezogen werden. Zusätzlich zu den aus externer Sicht vorliegenden Indikatoren begründet FIETZ[8] aus professionssoziologischer Perspektive mit der Orientierungs- und der Legitimationsfunktion die Coaching-Forschung. Unter Orientierungsfunktion wird dabei die kommunikative Funktion des wissenschaftlichen Diskurses, die Klärung des Beratungskonzepts Coaching

5 Vgl. Kuhn (2003, S. 37f). Der Normalwissenschaft setzt Kuhn die Proto-Wissenschaft gegenüber.

6 Beispielhaft seien hier der Kongress *Coaching meets Research* für die Praxis der Zukunft an der Fachhochschule Nordwestschweiz Olten im Juni 2010, das *2. Beratungswissenschaftliche Symposion über Vertrauen in der Arbeitswelt* an der Universität Kassel im November 2010, das 2. LOCCS Symposium *„Interaktion in Aktion – Beratungsrealität(en) interdisziplinär"* an der LMU München im Mai 2011 sowie der Kongress *Organisation und Marketing von Coaching – Wissenschaft coacht Praxis* – an der Philipps-Universität Marburg im Mai 2011 genannt.

7 Siehe u.a. Birgmeier (2008); Birgmeier (2011); Moldaschl (2009); Wegener/Fritze/Loebbert (2011).

8 Vgl. Fietz (2011, S. 25f).

und die empirische Untersuchung der Wirksamkeit von Coaching verstanden[9]. Die Legitimationsfunktion bezeichnet das Schaffen einer Grundlage für die soziale Autorität und Anerkennung des Autonomieanspruchs der Profession[10]. Erweitert werden diese Funktionen noch durch GREIF[11], der zusätzlich noch die Innovationsfunktion anführt.

Wissenschaftstheorie, deren „*Ziel die Klärung oder* [die] *systematische Rekonstruktion wissenschaftlicher Theoriebildung ist*"[12], kann potentiell an diesem zeitlichen und inhaltlichen Entwicklungspunkt der Coaching-Wissenschaft einen Fortschrittsbeitrag leisten. Von besonderem Interesse ist hierbei, ob der Fortschritt in qualitativer und quantitativer Hinsicht in Bezug auf die mögliche Entwicklung einer Coaching-Wissenschaft unterstützt werden kann. Da sowohl im Bereich des Coachings als auch in der Wissenschaftstheorie sehr unterschiedliche und heterogene Ansätze vertreten werden, ist es auch geboten zu untersuchen, ob kompatible Beziehungen zwischen den einzelnen Ansätzen aus der Wissenschaftstheorie zu den heutigen Richtungen des Coachings zu finden sind. Nach der theoretischen Prüfung soll im Anschluss auch exemplarisch geprüft werden, wie eine spezifische wissenschaftstheoretische Fundierung ausgestaltet werden kann und welche praktischen Implikationen dies für die Coaching-Wissenschaft bzw. die Coaching-Forschung haben kann. Für die Untersuchung werden somit die folgenden Forschungsfragen abgeleitet.

1. Kann Wissenschaftstheorie den Fortschritt der Coaching-Wissenschaft unterstützen?
2. Eignen sich spezifische wissenschaftstheoretische Angebote für bestimmte Coaching-„Schulen" besonders und wenn ja, für welche?
3. Wie kann eine wissenschaftstheoretische Fundierung exemplarisch ausgestaltet werden?

Durch die obige Diskussion werden die Forschungsfragen hinsichtlich der *Aktualität*, der *Relevanz* und der *Wesentlichkeit* des Beitrags als hinreichend begründet eingestuft. Dies gilt umso mehr, da wissenschaftstheoretische Ansätze hier a priori und nicht a posteriori, wie z.B. beim Wissensgebiet der Psychoanalyse[13], einen Beitrag leisten können.

---

9 Vgl. Fietz (2011, S. 26–28).
10 Vgl. Fietz (2011, S. 29–30).
11 Vgl. Greif (2011, S. 35).
12 Carrier (2004, S. 738).
13 Siehe die Rekonstruktionsbeiträge von Grünbaum (1987), Ricœur (1974) und Habermas (1973).

1.2 Definition und Abgrenzung

Die Untersuchung geht von den beiden zentralen Basisgegenstandsbereichen „Coaching“ und „Wissenschaft“ aus. Im ersten Schritt soll daher das dieser Arbeit zugrundeliegende Verständnis der beiden Begriffe kurz dargelegt werden. Es geht dabei weniger um eine generell allgemeingültige Definition bzw. um eine kritische Diskussion, sondern vielmehr um das Transparentwerden des eigenen zugrundeliegenden Verständnisses.

1.2.1 Coaching

Der Begriff „Coaching“ hat sich zu einem Modewort entwickelt und findet heute fast inflationären Gebrauch. BÖNING spricht in diesem Zusammenhang von einem „Container“-Begriff, der als Sammel- und Überbegriff sehr viel Verschiedenes enthalten kann[14]. Die nachfolgende Tabelle 2.1 von HAMLIN ET AL.[15] zeigt, abgeleitet aus verschiedenen Arbeiten des angelsächsichen Sprachraums, die unterschiedlichen Perspektiven auf[16].

Als zentrale Wesensmerkmale des Coachings lassen sich die Personenbezogenheit sowie die Ausrichtung auf Ziele erkennen. Implizit wird dabei angenommen, dass die Orientierung auf die Person(en) und deren Änderung hinsichtlich ihrer Verhaltenweise und Einstellungen bzw. deren persönliche Entwicklungen zielförderlich sind. Die Beratungsleistung wird dabei persönlich durch ein oder mehrere Coaches erbracht, wobei in Abgrenzung zur Psychotherapie von „gesunden“ Klientinnen und Klienten ausgegangen wird[17].

Ausgehend von den unterschiedlichen Perspektiven wird für diese Arbeit

> „Coaching“ als personenbezogene Beratungsleistung definiert, deren Ziel es ist, die personelle und organisationelle Leistungsfähigkeit im arbeitsweltlichen Kontext (wieder) zu schaffen, zu erhalten und/oder auszubauen.

---

[14] Vgl. Böning (2005, S. 28).

[15] Vgl. Hamlin; Ellinger & Beattie (2008, S. 295).

[16] Vergleichbare Darstellungen zu den unterschiedlichen Coaching-Definitionen aus dem deutschsprachigen Sprachraum finden sich bei Offermanns (2004, S. 35–58) und Schiessler (2010, S. 32–68).

[17] Vgl. Maurer (2009, S. 54–56).

1.2.2 Wissenschaftsverständnis

Wissenschaft als „heterogenes institutionelles Arrangement“[18] ist selbst innerhalb einzelner Kulturkreise und Nationen unterschiedlich ausgeprägt. Dennoch gibt es hinreichende identitätsstiftende Rahmenbedingungen, die zur Bildung von globalen „scientific communities“ führen“[19]. LUHMANN sieht in der Wissenschaft ein ausdifferenziertes funktionales Subsystem der Gesellschaft, dessen symbolisch generalisiertes Kommunikationsmedium durch den binären Code der Wahrheit/Unwahrheit geprägt ist[20]. Aufgrund der Heterogenität auf der einen Seite und der offensichtlich verbindenden Elemente auf der anderen Seite soll im Folgenden das der Arbeit zugrundeliegende Wissenschaftsverständnis kurz erläutert werden. Bei der gewählten Position wurde darauf geachtet, nicht bereits durch die Definition eine zu enge Festlegung vorzunehmen und dadurch ggfs. interessante Ansätze auszugrenzen.

Das gewählte Wissenschaftsverständnis lässt sich durch die vier von MERTON[21] formulierten instutionalisierten Imperative

1. Universalismus,
2. Kommunismus,
3. Uneigenützigkeit und
4. organisierter Skeptizismus

beschreiben.

Unter „Universalismus“ wird dabei verstanden, *dass die Wahrheitsansprüche unabhängig von ihrem Ursprung* ***vorgängig gebildeten unpersönlichen*** [im Orginal kursiv hervorgehoben] *Kriterien unterworfen werden müssen*[22]. Das Ergebnis wissenschaftlichen Arbeitens darf somit nicht abhängig sein von persönlichen oder sozialen Eigenschaften der Protagonisten[23]. Der Autor ist sich bewusst, dass sich damit ein Spannungsfeld, insbesondere zu extrem eingenommenen Positionen der „hermeneutischen“[24] oder „qualitativen“ Ansätzen, auftut. Intersubjektivität bedeutet dabei jedoch nicht, dass die Ergebnisse unpersönlich (instrumentell) erzeugt

---

[18] Vgl. Weingart (2010, S. 118).

[19] Vgl. Weingart (2010, S. 118).

[20] Vgl. Luhmann (1974, S. 236f).

[21] Vgl. Merton (1972, S. 48f).

[22] Merton (1972, S. 48).

[23] Merton (1972, S. 48).

[24] Vgl. z.B. die Position von *Habermas*, der im Zusammenhang mit der Psychoanalyse festhält, dass Erfolg und Misserfolg von Konstruktionen nicht(!) im Rahmen instrumentalen oder kommunikativen Handelns intersubjektiv feststellbar ist (Vgl. Habermas, 1973, S. 325).

werden müssen, sondern dass der Erkenntniszuwachs intersubjektiv nachvollziehbar sein muss[25]. Hermeneutische[26] oder Qualitative Ansätze[27] werden somit nicht durch diese Forderung ausgegrenzt. Dem entgegen würde eine Aufgabe der Position der Beliebigkeit „Tür und Tor" öffnen.

„Kommunismus" besagt in diesem Zusammenhang, dass die materiellen Ergebnisse der Wissenschaft Produkt sozialer Zusammenarbeit sind und somit der Gemeinschaft zugeschrieben werden[28]. Die Verfügbarkeit und die Verwendbarkeit wissenschaftlicher Ergebnisse bildet die Basis für die Zusammenarbeit in der „scientific community". Dadurch wird die Akkumulation des Wissens gefördert sowie ein institutioneller Feedbackrahmen geschaffen.

Der Imperativ der „Uneigennützigkeit" ist ein weiteres grundlegendes institutionelles Element der gewählten Wissenschaftsauffassung, wobei Uneigennützigkeit hier nicht mit Altruismus gleichzusetzen ist[29]. Durch das Kriterium der Uneigennützigkeit soll verhindert werden, dass Forschungsergebnisse sich zweckmäßig nach den Motiven der Akteure ausrichten. In dem jungen Feld der Coaching-Wissenschaft bzw. der Coaching-Forschung ist dieses Kriterium besonders relevant, da viele der forschenden Akteure selbst ein Coaching-Unternehmen besitzen bzw. entgeltliche Coaching-Dienstleistungen erbringen. Dieser Sachverhalt kann aber durchaus als ambivalent eingestuft werden, da durch die Nähe zum Praxisfeld und die entsprechenden Erfahrungen erweiterte Erkenntnisszugänge möglich sind.

Der „organisierte Skeptizismus" ist der letzte der vier Imperative von MERTON. Es beschreibt eine kritische Grundhaltung zu den gewonnenen Erkenntnissen, deren instutitionelles und methodologisches Mandat, eine *Zurückhaltung des endgültigen Urteils bis „die Fakten zur Hand sind" und die unvoreingenommene Prüfung von Glaubenshaltungen und Überzeugungen aufgrund empirischer und logischer Kriterien*[30] gebietet. Diese Grundhaltung kommt immer wieder in Konflikt mit dem Lösungsanspruch – insbesondere für praktische Fragestellungen – der an die Wissenschaft gestellt wird. Erfolg und Fortschritt in der Wissenschaft darf dabei, trotz der notwendigen Berücksichtigung von pragmatischen Zielen und Rahmenbedingungen, nicht einem kurzfristigen Zweck-Rationalismus geopfert werden. Differenzierte und eingeschränkte Aussagen sind daher ein Kennzei-

---

25 Zur Diskussion vgl. z.B. Kelle (2008, S. 35–55)

26 Zur veränderten Auffassung siehe Sichler (2010, S. 57)

27 Vgl. u.a. Kleining (2010, S. 70), Straub (2010, S. 136).

28 Merton (1972, S. 51).

29 Merton (1972, S. 51).

30 Merton (1972, S. 55).

chen des organisierten Skeptizismus, insbesondere bei jungen Disziplinen oder wenig erforschten Erkenntnisfeldern.

1.2.3 Abgrenzung zur allgemeinen Beratungswissenschaft

Neuere Arbeiten sprechen zunehmend von einer allgemeinen Beratungswissenschaft, die sich als Querstrebe transdisziplinär und gegenstandsorientiert horizontal zu den verschiedenen Einzeldisziplinen bewegt[31]. Für das Erkenntnisfeld des Coachings stellt sich die Frage, ob die wissenschaftliche Untersuchung bzw. dessen Methodik nicht innerhalb des größeren transdisziplinären Feldes einer allgemeinen Beratungswissenschaft betrachtet werden müssen. Aufgrund der gebotenen Kürze und des noch relativ wenig systematisch bearbeiteten Gebietes wird für diese Arbeit der Fokus rein auf „Coaching“ eingeschränkt. Spezifische Erkenntnisgewinne aus dem Feld können ggfs. anschließend in einen größeren Zusammenhang gestellt werden. Zudem ist durch die Fokussierung eine höhere Präzision in den Erkenntnisaussagen möglich, obgleich die zu erreichende Theoriebreite und Theoriereichweite eingeschränkt wird.

1.3 Vorgehensweise

Nachdem zunächst die Fragestellung abgeleitet wurde, die wesentliche Begrifffe für die Untersuchung definiert bzw. der Untersuchungsbereich eingegrenzt wurde, soll die Vorgehensweise der Bearbeitung kurz dargestellt werden.

Im zweiten Kapitel erfolgt dann eine Theoriereflexion unter dem Gesichtspunkt der Fragestellung. Die beiden Hauptgegenstandsbereiche „Coaching“ und „Wissenschaftstheorie“ werden kurz theoretisch aufbereitet. Die theoretischen Strukturen werden hier knapp deskriptiv dargestellt. Eine normative Beurteilung erfolgt hier absichtlich nicht, da eine Präjudizierung vermieden werden soll. Anschließend werden die wissenschaftstheoretischen Fundierungsansätze ausgewählter Nachbargebiete des Coachings (Psychologie, Psychotherapie, Wirtschaftswissenschaften) dargestellt und reflektiert.

Nachdem die Struktur der Gegenstandsbereiche aufbereitet ist, erfolgt eine Dekonstruktion zweier Coaching-Schulen („personorientierter Ansatz“, „systemischer Ansatz“) unter wissenschaftstheoretischer Perspektive. Hierzu werden zunächst die Kriterien für die Dekonstruktion entwickelt und anschließend auf die beiden Ansätze angewandt.

---

31 Vgl. Aksu & Graf (2012, S. 9–11), Möller (2009, S. 7–15), Hausinger (2009, S. 179), Moldaschl (2009, S. 21–24).

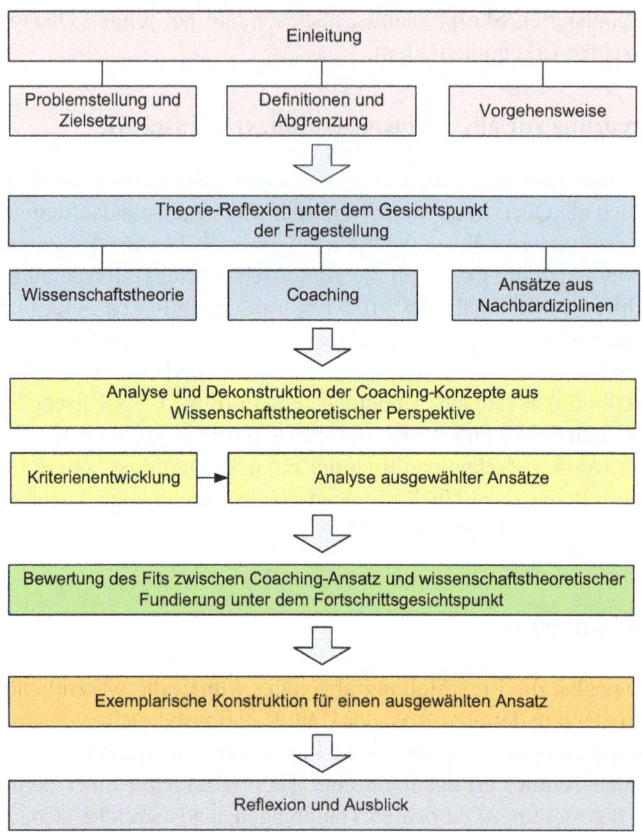

Abb. 1.1. Vorgehensweise (Quelle: Eigene Darstellung)

Ausgehend von der herausgearbeiteten inneren Struktur der Ansätze erfolgt anschließend die Prüfung des Fits zwischen den Coaching-Ansätzen und den möglichen wissenschaftstheoretischen Fundierungen.

Für einen gewählten Ansatz wird dann, basierend auf dem geeigneten wissenschaftstheoretischen Ansatz, durch exemplarische Konstruktion gezeigt, wie der Ansatz zur Theorie-Entwicklung und für den Fortschritt, im Hinblick auf den Aufbau einer Coaching-Wissenschaft, genutzt werden kann.

Abschließend erfolgt im letzten Kapitel eine Reflexion hinsichtlich der Klärung der Forschungsfragen sowie ein kleiner Ausblick.

Die nachfolgende Abbildung 1.1 stellt die Vorgehensweise schematisch kurz dar.

Tab. 1.2. Zusammengefasste und vereinheitlichte Perspektiven der Coaching-Ansätze (**fett** = verfolgte Ziele; *kursiv* = Prozesse) (Quelle: Hamlin; Ellinger & Beattie (2008, S. 295)).

Categories/variants of coaching	Derived *unified perspectives*/composite conceptualizations of coaching
Coaching	... is designed **to improve existing skills**, **competence** and **performance**, and to **enhance their personal effectiveness** or *personal development* or **personal growth**.
Executive Coaching	... is a *process* that primarily (but not exclusively) takes place within a *one-to-one helping and facilitative relationship* between a coach and an executive (or a manager) that enables the executive (or a manager) to **achieve personal-, job- or organizational-related goals** with an intention to **improve organizational performance**.
	... is a *helping* and *facilitative process* that enables individuals, groups/ teams and organizations to **acquire new skills**.
Business Coaching	... is a *collaborative process* that helps businesses, owner/managers and employees **achieve their personal and business related goals** to ensure **long-term success**.
Life Coaching	... is a *helping* and *facilitative process* – usually within a *one-to-one relationship* between a coach and a coachee which brings about an **enhancement in the quality of life** and **personal growth** of the coachee, and possibly a **life-changing experience**.

2 Theorie-Reflexion

2.1 Wissenschaftstheorie

Wissenschaftstheorie, als modernes Teilgebiet der theoretischen Philosophie, beschäftigt sich inhaltlich mit der Struktur wissenschaftlicher Theorien, dem Problem der wissenschaflichen Methode sowie mit der Klärung der begrifflichen Struktur bzw. der weiteren philosophischen Konsequenzen wissenschaftlicher Theorien (Theorienexplikation)[1] Nach RAFFÉE/ABEL[2] werden somit

1. Ziele der Wissenschaft,
2. Aussagen/Aussagensysteme,
3. Grundlegende Verfahrensweisen,
4. Durchleuchtung der Wissenschaftspraxis und
5. Anforderungskataloge für wissenschaftliches Arbeiten

als konkrete Gegenstandsbereiche betrachtet. Die Wissenschaftstheorie hat dabei eine kritische und(!) eine heuristische Funktion[3], wobei durch die kritisch-schöpferische Spannung eine Stimulanz des wissenschaftlichen Fortschritts erreicht werden soll.

Noch bevor die einzelnen wissenschaftstheoretischen Ansätze und Konzeptionen dargestellt werden, sollen die zugrundeliegenden Positionen, auf die sich die Ansätze beziehen, kurz dargestellt werden. Die Referenzierung und Kenntnis der jeweiligen epistemologischen, ontologischen und linguistischen Basispositionen[4] ist sehr wichtig, da nur dadurch ein tieferes Verständnis der unterschiedlichen Ansätze geschaffen wird bzw. die Abgrenzung zu anderen Ansätzen inhaltlich transparent wird.

1 Vgl. Carrier (2004, S. 738–739).

2 Raffée & Abel (1979, S. 1).

3 Raffée & Abel (1979, S. 1–2).

4 Die Basispositionen wurden aus dem wissenschaftstheoretischen Bezugrahmen von Becker et al. (2003, S. 309f) übernommen. Ein Vergleich verschiedender Bezugsrahmen findet sich bei Braun & Esswein (2006, S. 148f).

2.1.1 Basispositionen

Epistemologische Basisposition Innerhalb der epistemologischen[5] Position wird geklärt, wie wahre Erkenntnisse gewonnen werden. Die jeweiligen Positionen sollen kurz anhand der folgenden Leitfragen[6] erörtert werden.

1. Wie entstehen Erkenntnisinhalte?
2. Auf welchem Weg gelangen wir zu Erkenntnis?
3. Wie ist das Verhältnis von Erkenntnis und Gegenstand?

Wie entstehen Erkenntnisinhalte? Als mögliche Quelle der Erkenntnis stehen generell der Verstand oder die sinnliche Erfahrung zur Auswahl. Die philosphische Richtung, die dem Verstand der Erfahrung als Erkenntnisquelle übergeordnet wird, wird als „Rationalismus"[7] bezeichnet. Klassische Vertreter dieser Richtung sind DESCARTES, PLATON, LEIBNIZ und HOBBES. Die entgegengesetze Position des „Empirismus"[8] sieht hingegen die (sinnliche) Erfahrung als die Ausgangsquelle der Erkenntnis an. Prominente Vertreter des Empirismus sind HUME, BACON, LOCKE und BERKLEY.

Auf welchem Weg gelangen wir zu Erkenntnis? Die methodische Frage nach dem Erkenntnisweg wird durch unterschiedliche logische Schlussverfahren beantwortet. Beim „induktiven"[9] Schluss wird die Ableitung vom Einzelfall zum Allgemeinen vorgenommen, wohingegen beim „deduktiven"[10] Schluss vom Allgemeinen zum Speziellen abgeleitet wird. Neben diesen beiden reinen Schlussverfahren existiert noch das Verfahren der „Abduktion", beim dem „verschiedenen, anscheinend unverbundenen Einzelfällen auf eine verborgene, hypothetische Struktur oder Theorie" geschlossen wird[11]. Die einzelnen Vor- und Nachteile der Verfahren sind aus der nachfolgenden Tabelle 2.1 ersichtlich.

Wie ist das Verhältnis von Erkenntnis und Gegenstand? Diese Frage soll klären, ob eine Wirklichkeit prinzipell objektiv erkannt werden kann. Wird dies bejaht, so spricht man von einem „erkenntnistheoretischen Realismus"[12]. Ausgehend von dieser Position wird behauptet, dass prinzipiell subjektabhängige Verzerrungen der

---

5 Zum Begriff der Epistemologie siehe Wagner (2007, S. 169).

6 Vgl. Becker et al. (2003, S. 310–313).

7 Vgl. Gethmann (2004, S. 464–466).

8 Vgl. Kambartel (2004, S. 325–327).

9 Vgl. Chalmers (2007, S. 37–49).

10 Vgl. Chalmers (2007, S. 37–49).

11 Vgl. Walach (2009, S. 37).

12 Hierzu siehe vertiefende Ausführungen bei Kutschera (1992, S. 27f).

Tab. 2.1. Die drei Schlussverfahren (Quelle: Walach (2009, S. 35)).

Schluss-Verfahren	Inhalt	Problem	Lösung
Induktion	Sammlung vieler Fakten und Einzelbeobachtungen; Schluss von Einzelereignissen auf Allgemeinaussage. Vorteil: Nahe an der Erfahrung.	Einzelaussagen allein können nie einen nichtempirischen Satz (das Induktionsprinzip) begründen; um relevante Fakten sammeln zu können, benötigt man bereits eine vorläufige Theorie.	Rasch von reiner Induktion zu vorläufiger Theorie (vermittels Abduktion) wechseln und mit Hilfe dieser Theorie konkrete erwartete Einzelereignisse überprüfen.
Abduktion	Aufgrund unverbundener Einzelaussagen auf zugrunde liegende Theorie schließen. Vorteil: Rasche Ordnung von Einzelaussagen in mögliche Theorien.	Fehleranfällige Schlüsse.	Mit Hilfe der vorläufigen Theorie konkrete Erwartungen formulieren und daran die Theorie überprüfen.
Deduktion	Aus einer Allgemeinaussage Einzelaussagen logisch ableiten. Vorteil: Richtigkeit des Schlusses bei korrekter logischer Durchführung.	Keine wirklich neuen Erkenntnisse möglich.	Kombination des deduktiven Schlusses mit den anderen Verfahren.

Wirklichkeit durch geeignete Maßnahmen zur Beseitigung der Störgrößen zu eliminieren sind[13]. Die Gegenposition wird vom Idealismus eingenommen, der davon ausgeht, dass die erkannte Wirklichkeit subjektiv ist. JACOBI bringt die Position mit der Aussage „*Kurz: unsere ganze Erkenntnis enthält nichts, platterdings nichts, was irgend eine wahrhaft objektive Bedeutung hätte*“[14] auf den Punkt.

Ontologische Basisposition Die Ontologische Basisposition gibt darüber Auskunft, wie die Haltung zur Frage nach der realen Welt ist. In der nachfolgenden Abbildung werden die vier möglichen Positionen darstellt.

Radikaler Konstruktivismus Bei dieser Haltung geht man davon aus, dass Wirklichkeit rein subjektiv konstruiert wird. Dabei ist es letztendlich uninteressant, ob eine objektive Welt existiert und diese sich nur nicht erkennen lässt, oder ob die objektive Welt gar nicht existiert. Der Bereich der Erfahrung, der traditionell für den Wahrheitsbegriff – verstanden als korrekte Abbildung der Realität – notwendig

[13] Becker et al. (2003, S. 311).

[14] Jacobi (1815, S. 307).

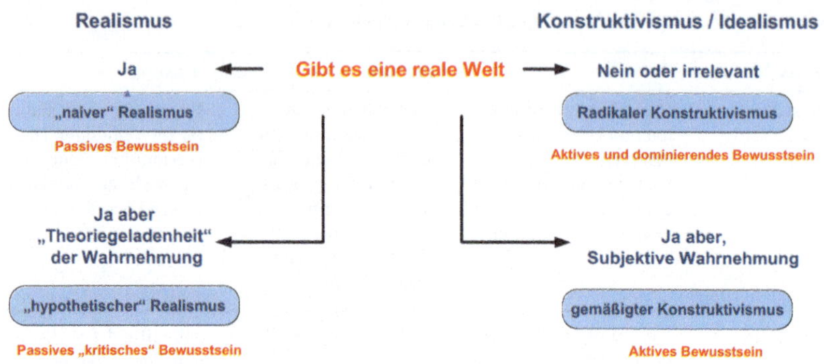

Abb. 2.1. Ontologische Basispositionen (Quelle: Eigene Darstellung)

ist, wird durch den Begriff der Viabilität ersetzt[15]. Als viabel werden Handlungen, Begriffe und begriffliche Operationen eingestuft, „*wenn sie zu den Zwecken oder Beschreibungen passen, für die wir sie benutzen*“[16].

Gemäßigter Konstruktivismus Kennzeichnet man den radikalen Konstruktivismus mit einem „*gegensätzlichen Verhältnis zum metaphysischen Realismus*“, so kann der gemäßigte Konstruktivismus mit einem „*komplementären Verhältnis zu nicht-metaphysischen Versionen des Realismus*“ verstanden werden[17]. Im Falle des radikalen Konstruktivismus „*erfinden wir, was wir zu entdecken glauben*“, wohingegen wir in der Variante des gemäßigten Konstruktivismus „*die Bedingungen erfinden, unter denen wir Realität entdecken*“[18].

„Naiver“ Realismus Ausgehend von dieser Position wird davon ausgegangen, „*dass eine direkte Wahrnehmung der Phänomene und Ereignisse der Realität möglich ist*“[19]. Dabei kann die Position explizit oder implizit eingenommen werden. Von einem impliziten naiven Realismus spricht man z.B.,

> „wenn Ergebnisse empirischer Sozialforschung unkritisch wahrgenommen werden, wenn kleine und nicht zufällig gezogene Stichproben übergeneralisiert und die Umfrageergebnisse auf die Allgemeinbevölkerung projiziert werden, oder wenn die Antworten auf unstandardisierte oder

15 Vgl. Glasersfeld (1997, S. 43).
16 Glasersfeld (1997, S. 43).
17 Choe (2005, S. 11).
18 Choe (2005, S. 84).
19 Haug (2003, S. 86).

standardisierte Fragen als Manifestationen der ‚wahren' Einstellungen, Absichten oder Verhaltensweisen der Befragten interpretiert werden, wenn also die Daten aus qualitativen oder quantitativen Befragungen für eine direkte Beobachtung der ‚Wahrheit' gehalten werden"[20].

„Hypothetischer" Realismus Im Gegensatz zum „naiven" Realismus geht der „hypothetische"[21] Realismus davon aus, dass eine Theoriegeladenheit der Wahrnehmung vorliegt. Dies bedeutet, dass die Wahrnehmung durch die jeweilige „Brille" des theoretischen Vorverständnisses erfolgt. Eine „teilweise Erkennbarkeit und Verstehbarkeit dieser Welt"[22] ist somit unter dieser gewählten Basisposition möglich.

Linguistische Basisposition Die linguistische Basisposition beschreibt die Rolle der Sprache, z.B. über Austausch sprachlicher Artefakte für den Forschungs- bzw. Erkenntnisprozess. BECKER ET AL. formulieren unter Bezugnahme auf HUMBOLDT die drei folgenden Leitfragen, welche im Folgenden kurz erläutert werden.

1. Welche Funktion hat Sprache im Rahmen von Denkvorgängen?
2. Wie erlangen Sprachartefakte Bedeutung?
3. Ermöglicht Sprache intersubjektive Verständigung?

Welche Funktion hat Sprache im Rahmen von Denkvorgängen? Ist die Sprache das Medium des Denkens oder erfolgt Denken in anderen Medien (z.B. in Bildern) und können diese, kombiniert mit Sprachkonstrukten, zur Ausweitung des Betrachtungshorizonts führen? Dieser auch biologisch geprägte Fragenkomplex erscheint – insbesondere nach neueren Erkenntnissen der Neurobiologie[23] – nicht mehr zwingend eindeutig beantwortbar.

Wie erlangen Sprachartefakte Bedeutung? Die Bedeutung der Sprachartefakte kann einerseits dadurch erreicht werden, dass „expliziten Sprachartefakten eine objektive, eindeutige Bedeutung"[24] zugeschrieben wird, andererseits kann man die Bedeutung auch auf der Ebene einer subjektiven Bedeutungsgebung sehen. Im ersten Fall wird von der „expressiven" und im zweiten Fall von der „subjektiven" Position gesprochen.

---

20 Haug (2003, S. 86).

21 Zur Differenzierung des hypothetischen Realismus in kritischen, streng kritischen und hypothetischen Realismus siehe Vollmer (2002, S. 35).

22 Holl & Auerochs (2004, S. 287).

23 Vgl. Hüther (2010, S. 115f).

24 Becker et al. (2003, S. 115f).

Ermöglicht Sprache intersubjektive Verständigung? Innerhalb dieser Fragestellung wird geklärt, ob mittels der Sprache eine Kommunikation so gestaltbar ist, dass eine intersubjektive Verständigung möglich ist. Voraussetzung für die intersubjektive Verständigung ist das Einnehmen der expressiven Position, da andernfalls die einzelnen Subjekte keinen gemeinsamen Sinnzusammenhang mittels der Sprachartefakte schaffen können.

Die linguistische Position beschreibt den Austausch von Wissen bzw. Wissensartefakten zwischen den einzelnen Akteuren. Dieser sinnliche Austausch wird innerhalb der linguistischen Position rein auf Sprache eingeschränkt. Erkenntnisse und Wissen können jedoch prinzipiell auch über andere (sinnliche) Erfahrungen und Artefakte ausgetauscht werden. Es wird daher vorgeschlagen, die linguistische auf eine linguistische/kommunikative Basisposition zu erweitern, um Form und Bindung des Wissens nicht unnötigerweise einzuschränken. SOKRATES gibt z.B. für den Transfer von Wissen die drei Wege[25]

1. gemeinsamer Dialog **und** gemeinsame Erfahrung,
2. schriftlicher Dialog als Nachahmung des mündlichen Dialogs und
3. lehrbuchartige Form, wenn sie zum Selbstdenken anregt,

an. Diese Erweiterung ist insbesondere für den Gegenstandsbereich des Coachings relevant, da zumindest die heutige Lehrpraxis stark auf (Selbst-)Erfahrungsanteile setzt.

2.1.2 Wissenschaftstheoretische Konzeptionen

Die wissenschaftlichen Grundkonzeptionen lassen sich vereinfacht in die beiden Pole „positivistische“ und „interpretative“ Wissenschaftstheorie einteilen[26].

Positivistische Wissenschaftstheorie Diese Position, die von WALACH[27] als einflussreichste wissenschaftstheoretische Position eingestuft wird, kann mit den Attributen objektivistisch, nomothetisch, ahistorisch und experimentell gekennzeichnet werden. Epistemologische Grundlage ist ein Realismus, der davon ausgeht, dass Erfahrung und Bewusstsein mit der Realität korrelieren. Basis dabei sind immer „positiv“ Erfahrbares in Abgrenzung zu „Metaphysischem“, welches durch die positivistische Haltung strikt abgelehnt wird. Ausgehend von dieser Haltung

25 Martens (2004, S. 54).

26 Vgl. Schütz (2004, S. 8), obgleich diese anmerkt, dass die Aufteilung aufgrund der pluralistischen Wende, d.h. eines vorherrschenden Paradigma-Pluralismus, nur noch analytischen Charakter hat.

27 Walach (2009, S. 264).

hat sich in den 20er Jahren des letzten Jahrhunderts die Richtung des „Neopositivismus“ entwickelt. Vorangetrieben durch den bekannten „*Wiener Kreis*“ ersetzen logische Untersuchungen die Rolle vom Empfindung und Bewusstsein. Diese Richtung wird daher auch häufig mit „Logischer Positivismus“ und „Logischer Empirismus“ bezeichnet. Methodisch basiert dies auf folgenden Grundsätzen[28]:

- Es gibt nur analytische und synthetische Sätze
  Analytische Sätze sind logisch wahr, wohingegen synthetische Sätze *immer* empirisch zu bestätigen sind[29].
- Die Bedeutung eines Satzes ist die Methode seiner Verifiktion.
  Dies bedeutet, dass nur Sätze sinnvoll sind, bei denen eine empirische Operationaliserung angegeben werden. Nicht verifizierbare Sätze haben somit keine Bedeutung[30].
- Jeder sinnvolle Satz ist auf Sätze reduzierbar, die durch *unmittelbare Wahrnehmung* zustande kommen.
  Sätze, die durch unmittelbare Wahrnehmung zustande kommen, werden als „*Protokollsätze*“[31] bezeichnet.

Interpretative Wissenschaftstheorie Der positivistischen Auffassung steht die interpretative Auffassung der Wissenschaftstheorie gegenüber. Diese lässt sich mit den Attributen konstruktivistisch, idiographisch, historisierend und ethnographisch kennzeichnen[32]. Im Mittelpunkt steht dabei eine verstehende Position, die nach Sinnzusammenhängen sucht. Trotz heterogener Ansätze können nach *Breuer*[33] folgende gemeinsame Grundelemente zur Charakterisierung der Position herangezogen werden.

- Der Fokus liegt auf alltags- bzw. lebensweltlichen Phänomenen, Problemen und Prozessen.
- Datenerhebung erfolgt durch direkte Interaktion (Beobachtung, Gespräche, Interviews) mit dem Feld bzw. den autonomen Produktionen des Feldes (Texte, Akten, Umweltgestaltung, Bilder)
- Die Kompetenz des Forschenden ist eine Voraussetzung für die Auswertung der Daten. Das Verstehen erfolgt auf Basis einer bewussten Fokussierung und

28 Walach (2009, S. 265–266).

29 Walach (2009, S. 265).

30 Walach (2009, S. 265).

31 Neurath (2006, S. 402f).

32 Vgl. Schütz (2004, S. 8).

33 Breuer (2010, S. 37–38).

(selbst-)reflexiven Haltung. „Hermeneutik“[34] ist die prozedurale Methodik des Verstehensprozesses.

- Die Intention liegt auf dem Entdecken von theoretischem Neuen, auf der Basis einer theoretischen Offenheit. Methodisch kommen häufig Heuristiken zum Einsatz.
- Die Person des Forschenden, sowie dessen Haltung und Interaktion im gesamten Forschungsprozess spielen eine wichtige erkenntnistheoretische Rolle, die methodischer Aufmerksamkeit bedarf.
- Das zugrundeliegende Menschenbild ist die zentrale (Vor-)Annahme des Gegenstandsbereichs der sozialwissenschaftlichen Humanforschung.

Zum Verhältnis der Natur- und Geistes-/Humanwissenschaften Die beiden Pole der wissenschaftstheoretischen Grundkonzeption werden häufig in Verbindung gebracht mit dem Verhältnis zwischen Natur- und Geistes-/Humanwissenschaften. DILTHEY führt die Dichotomie zwischen den Natur- und Geisteswissenschaften ein, indem er für die Naturwissenschaft kausale Zusammenhänge der äußeren zugänglichen Naturerscheinungen nur über Hypothesen und Experimente konstruiert, während bei den Geisteswissenschaften die „geistigen“ und „physischen Tatsachen“ nur von innen und als lebendiger Zusammenhang erleb- und verstehbar sind[35]. Der (vermeintliche) Dualismus zwischen Erklärung und Verstehen wird von DILTHEY auf die Natur- und Geisteswissenschaft übertragen („*Die Natur erklären wir, das Seelenleben verstehen wir.*“)[36]. Dilthey gilt auch als einer der Hauptvertreter des „Historizismus“. Der Historizismus „*fasst die menschlich-geschichtliche Welt als historische auf und lehnt die überzeitliche Geltung von Normen und Weltanschauungen ab*“[37].

Neben dieser Auffassung, dass Natur- und Geisteswissenschaften unterschiedliche Methodiken verwenden, da sie wesensungleich sind, gibt es noch den Standpunkt, dass positivitische Basisprinzipien, häufig auch als „empirisch“ bezeichnet, sowohl für Geistes- wie auch für Naturwissenschaften anwendbar sind[38] oder dass das hermeneutische Verstehen („*Verstehen als Erklären*“)[39] sich in das realwissen-

---

[34] Zur Einführung in das Gebiet der Hermeneutik siehe z.B. bei Grondin (2009); Jung (2007). Wesentliche Vertreter der Hermeneutik sind DILTHEY, HEIDEGGER, GADAMER und RICŒUR

[35] Welsh (2009, S. 136).

[36] Dilthey (1990[1894], S. 136).

[37] Steenblock (2006, S. 112).

[38] Vgl. hierzu den Standpunkt von ALBERT(1964, S. 5f; 1998, S. 59f; 2001, S. 43f) als Vertreter des Kritischen Rationalismus (siehe Seite 35), der die Methodik auch auf den Bereich der Sozialwissenschaften überträgt.

[39] Siehe hierzu z.B. den Standpunkt von Möller (2008, S. 347) für den Bereich der Psychiatrie und Psychotherapie.

schaftliche Konzept integrieren lässt. Wie aktuelle Veröffentlichungen[40] zeigen, ist die Kontroverse zwischen beiden Standpunkten, wenn auch häufig auf methodischer Ebene, als Diskussion zwischen qualitativen und quantitativen Methoden geführt, immer noch aktuell.

2.1.3 Wissenschaftstheoretische Ansätze

Innerhalb der Wissenschaftstheorie gibt es eine Vielzahl von Ansätzen. Aufgrund der Bedeutung der einzelnen Ansätze, insbesondere zum Gegenstandsbereich „Coaching", wurden aus der Vielzahl[41] die Folgenden für die weitere Diskussion (subjektiv) ausgewählt:

- Kritischer Rationalismus (POPPER)
- Forschungsprogramme (LAKATOS)
- Theorien als Strukturen (KUHN)
- Konstruktivismus (Erlanger Konstruktivismus)
- Kritische Theorie (Frankfurter Schule)

Kritischer Rationalismus Ausgangspunkt des Kritischen Rationalismus ist das Induktionsproblem[42]. POPPER führt das Problem über das Schwanen-Beispiel ein, indem er argumentiert, dass aus der Beobachtung von noch so vielen weißen Schwänen nicht sicher abgeleitet werden kann, dass alle Schwäne weiß sind[43]. Dieses Induktionsproblem gilt nicht nur für den Bereich der direkten Erfahrung, sondern auch in „abstrakten" Strukturen[44]. *Popper* bietet zur Lösung des Problems an, das Verifikationsprinzip durch das Falsifikationsprinzip zu ersetzen. Er argumentiert dabei, dass im Gegensatz zu den Verifikationisten, die „*vergeblich versuchen nachzuweisen, daß wissenschaftliche Meinungen gerechtfertigt werden können oder zumindest als wahrscheinlich erweisbar sind* "[45], die Falsifikationisten

40 Z.B. Kelle (2008, S. 293f) und Greif (2012, S. 37f).

41 Kornmeier (2007, S. 38) führt als weitere Beispiele den „Sozialkonstruktivismus", die „marxistische Wissenschaftstheorie" und die „feministischen Wissenschaftstheorie" auf.

42 Vgl. Chalmers (2007, S. 35f).

43 Vgl. Popper (1973, S. 3).

44 Du Sautoy (2004, S. 163–164) nennt als Beispiel die GAUSS'sche Funktion $\pi(x)$, die die Anzahl der vorkommenden Primzahlen zwischen 1 und x noch oben abschätzt. Die Formel gilt für die ersten 10 Millionen Zahlen, jedoch wurde 1912 durch LITTLEWOOD entdeckt, dass es Zahlenregionen gibt, bei den die GAUSS'sche Formel die Anzahl unter- statt überschätzt wird. Als mögliche Zahlenregion wurde von Skewes die sehr große Zahl $10^{10^{10^{34}}}$ angegeben. Diese Zahl besitzt mehr Ziffern, als es Atome in unserem Universim gibt.

45 Popper (2009, S. 384).

herausgefunden haben, dass sichere Theorien nicht möglich sind und daher Rationalität mit der kritischen Haltung gleichsetzen und aufgrund dessen Theorien suchen, „*die, so fehlbar sie auch sind, einen Fortschritt über ihre Vorgänger hinaus darstellen*“[46].

Als Ausgangspunkt der erkenntnistheoretischen Überlegungen wird der Begriff des „Problems“ verwendet. Problem wird hier definiert als eine Störung, die ausgelöst wird durch einen Widerspruch zwischen der Erwartung und der wahrgenommenen Wirklichkeit[47]. Zur Lösung leitet POPPER daraus ein dreistufiges Schema

1. das Problem,
2. die Lösungsversuche und
3. die Elimination

ab[48].

Dieses dreistufige Schema wird in Anwendung auf die Biologie auch als Schema der Darwinistischen Entwicklungstheorie aufgefasst[49]. Die Lösungsversuche sind Mutationen des bekannten Lösungsschemas. Die Lösungsversuche (Mutationen), die das Problem nicht oder nicht hinreichend gut lösen, werden im dritten Schritt eliminiert. Eine wissenschaftliche Einstellung wird definiert

1. durch objektivierte Lösungsversuche und
2. durch aktive Elimination[50].

Objektivierte Lösungsversuche sind dadurch gekennzeichnet, dass die im Subjekt entwickelten Lösungsalternativen öffentlich und sprachlich formuliert werden[51]. Durch den Akt des Formulierens löst sich der Lösungsversuch vom Subjekt und wird somit objektiv und auch für andere bewertbar. Aktive Elimination bedeutet, dass der „Wissenschaftler“ durch kritische Diskussion und – falls möglich – experimentelle Prüfung daran interessiert ist, seine Theorie zu falsifizieren[52]. „*Ein empirisch-wissenschaftliches System muss* [somit] *an der Erfahrung scheitern können*“[53].

---

46 Popper (2009, S. 385).
47 Popper (2001, S. 18).
48 Popper (2001, S. 16).
49 Popper (2001, S. 18).
50 Popper (2001, S. 25).
51 Popper (2001, S. 27).
52 Popper (2001, S. 26).
53 Popper (1973, S. 15).

Durch diese Arbeit an der Falsifizierung oder Prüfung entstehen neue Erkenntnisse, bessere Lösungsversuche und neue Probleme. Das dreistufige Problemschema wird in das vierstufige Schema der Wissenschaftstheorie

1. das *ältere Problem*,
2. *versuchsweise Theoriebildungen*,
3. *Eliminationsversuche* durch kritische Diskussion einschließlich experimenteller Prüfung,
4. die *neuen Probleme*, die aus der kritischen Diskussion unserer Theorien entspringen,

transferiert[54].

Dieses vierstufige Schema ist als Zyklus zu verstehen. Durch diesen Zyklus wird eine immer bessere Annäherung an die Wahrheit, im Sinne des kritischen Realismus[55], erreicht. Nach POPPER lassen sich zusammenfassend die folgenden Anforderungen an die Theorie ableiten[56]:

- Eine Theorie muss erklärungsbedürftige Probleme lösen.
- Theoriebildung besteht aus Hypothesenbildung.
- Die Theorie soll eine bessere Annäherung an die Wirklichkeit bringen.
- Die Theorie muss sich an der Realität (Praxis) messen lassen.

Forschungsprogramme Durch die Kritik am harten Kriterium des „Falsifikationismus" entwickelt LAKATOS mit den „Forschungsprogrammen" eine modifizierte Version des klassischen Kritischen Rationalismus[57]. Während bei POPPER eine empirisch falsifizierte Theorie verworfen werden muss („dogmatischer" (oder „naturalistischer") Falsifikationismus[58]) differenziert, LAKATOS zwischen Beseitigung und Widerlegung („des methodologischen Falsifikationismus"[59]). Als Abgrenzungskriterium schlägt er vor, eine Theorie wissenschaftlich oder annehmbar zu bezeichnen, wenn sie eine empirische Basis hat[60]. Aufbauend auf dieser veränderten Art des Falsifikationsmus baut LAKATOS das Konzept der wissenschaftlichen Forschungsprogramme auf. Forschungsprogramme im LAKATOS'schen Sinn kennzeichnen sich durch einen harten Kern und einen Schutzgürtel. Der harte Kern zeichnet sich durch die negative Heuristik aus, die es verbietet den Modus tollens

54 Popper (2001, S. 32).
55 Popper (2001, S. 32).
56 Bitsch (2002, S. 11).
57 Vgl. Kockelmans (1981, S. 319).
58 Vgl. Lakatos (1982, S. 11).
59 Vgl. Lakatos (1982, S. 24).
60 Vgl. Lakatos (1982, S. 24).

gegen ihn zu richten[61]. Oder anders ausgedrückt, der harte Kern wird vor einer direkten Falsifikation durch Experimente geschützt und vermeidet somit bestimmte Forschungswege. Der harte Kern wird von einem Schutzgürtel umgeben, der einer positiven Heuristik unterliegt[62]. Dies bedeutet, dass im Schutzgürtel die Aussagen der Falsifikation ausgesetzt werden. Somit werden durch die positive Heuristik Forschungswege beschrieben, denen man folgen soll[63]. Die Methodologie der Forschungsprogramme korrigiert nach WORRALL die POPPER'sche Methodologie in zwei wichtigen Beziehungen[64]. Sie erkennt zum einen den „*Programmaspekt wissenschaftlicher Leistung*“ an und nimmt ihn zum anderen in die „*methodologischen Urteile hinein*“[65].

Die nachfolgende Abbildung 2.2 stellt das Konzept der Forschungsprogramme graphisch dar.

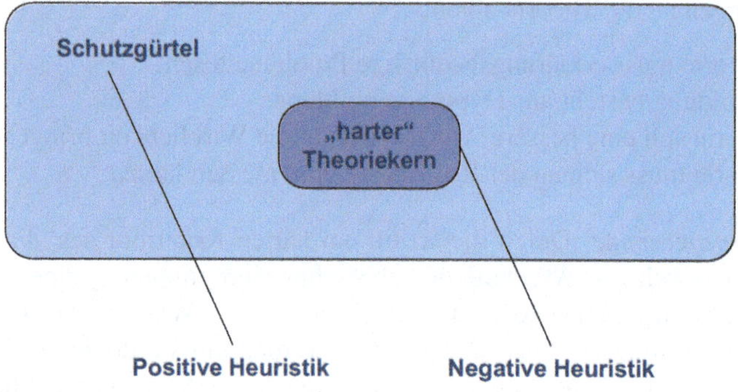

Abb. 2.2. Wissenschaftliche Forschungsprogramme nach LAKATOS (Quelle: Eigene Darstellung)

Theorien als Strukturen Einen völlig anderen Entwurf liefert der Wissenschaftshistoriker und Wissenschaftstheoretiker KUHN. Auf Basis einer wissenschaftshistorischen Analyse sieht er die wissenschaftliche Entwicklung als Zyklus unterschiedlicher Phasen (siehe Abbildung 2.3):

61 Vgl. Lakatos (1982, S. 47–49).
62 Vgl. Lakatos (1982, S. 49–52).
63 Vgl. Lakatos (1982, S. 47).
64 Vgl. Worrall (1980, S. 51).
65 Vgl. Worrall (1980, S. 51–52).

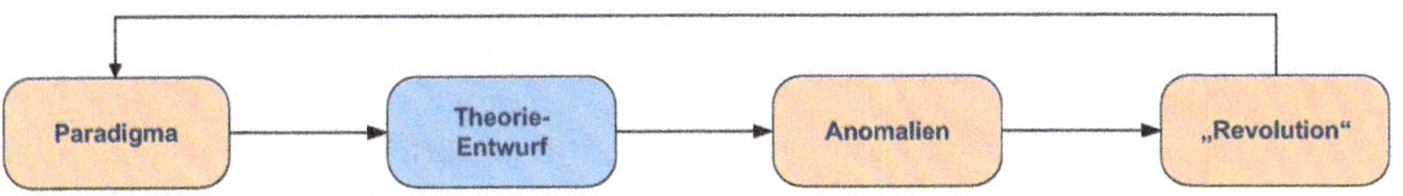

Abb. 2.3. Entwicklungsphasen nach KUHN (Quelle: Eigene Darstellung)

Ausgangspunkt der Entwicklung ist ein „Paradigma“, worunter KUHN u.a.[66] *„allgemein anerkannte wissenschaftliche Leistungen, die für eine gewisse Zeit einer Gemeinschaft von Fachleuten maßgebende Probleme und Lösungen liefern“*[67] versteht.

Auf Basis dieses Paradigmas werden dann Theorien von der „scientific community“ auf einem starken *„Netz von Verpflichtungen begrifflicher, theoretischer, instrumenteller und methodologischer Art“*[68] entwickelt. Dabei betrachet KUHN, der diese Phase mit Normalwissenschaft bezeichnet, die Arbeit der Wissenschaftler als das Lösen von „Rätseln“[69], wobei er Rätsel mit dem Kriterium des sicheren Vorhandenseins einer Lösung[70] verbindet. Der „innere Wert“ einer Lösung ist für ihn jedoch kein Kriterium des verwendeten Begriffs Rätsel.

Bedingt durch Anomalien wird die Phase der Krise eingeleitet. Auftauchende Anomalien werden den Wissenschaftlern bewusst und erfahren empirische und theoretische Anerkennung in der sozialen Gemeinschaft[71]. Lassen sich diese Anomalien nicht mehr mit dem Paradigmen hinreichend gut klären, so wird die nächste Phase der „wissenschaftlichen Revolution “ eingeleitet, die zu einem neuen Paradigma führt. Mit dem neuen Paradigma lassen sich die Anomalien (besser) erklären und der Zyklus beginnt von neuem. Die Position zwischen den beiden Paradigmen werden als „inkommensurabel“ bezeichnet. Nach KUHN sehen Vertreter verschiedener Paradigmen

> „verschiedene Dinge, wenn sie vom gleichen Punkt aus in die gleiche Richtung schauen. Beide betrachten die Welt, und was sie anschauen, hat

---

66 Masterman (1974, S. 61–65) führt noch 21 weitere Bedeutungen für das Wort „Paradigma“ aus dem Werk von KUHN an.

67 Kuhn (2003, S. 10).

68 Kriz; Lück & Heidbrink (1990, S. 169).

69 Kuhn (2003, S. 49f).

70 Kuhn (2003, S. 51).

71 Vgl. Kuhn (2003, S. 75).

sich nicht verändert. Aber in manchen Bereichen sehen sie verschiedene Dinge, und sie sehen sie in unterschiedlichen Beziehungen zueinander".[72]

Diese Klassifizierung „nicht kompatibler" Positionen erfährt in Folge eine hohe Bedeutung in der Diskussion und wird häufig für die Argumentation verwendet, dass Wissenschaftler unterschiedlicher Paradigmen sich prinzipiell nicht verstehen können. FEYERABEND sieht hier aber sehr wohl die Möglichkeit einer Verständigung, da er die „Stabilität des Sinns" für kein zwingendes Kriterium hält[73].

Konstruktivismus Unter Konstruktivismus subsumiert sich eine Vielzahl[74] unterschiedlicher Ansätze. Als gemeinsamer Kern kann die ‚konstruktive', also aktiv gestaltende Komponente beim Erkenntnis- und Wissensprozess verstanden werden. Entgegen anderer Ansätze, bei denen man die Wirklichkeit über Sachverhalte entscheiden lässt, sieht der Konstruktivist hier als Instanz[75] den Wissenschaftler, da „*Wirklichkeit nicht redet, sondern schweigt*"[76]. PÖRKSEN[77] sieht die folgenden gemeinsamen Muster und zentralen Denkfiguren:

- Umorientierung von ontologischen zu epistemologischen Fragen (‚*Wie*' statt ‚*Was*'-Fragen)[78].
- Orientierung am Beobachter bzw. an der erkennenden Instanz[79].
- Verabschiedung von absoluten Wahrheitsvorstellungen und Kopplung des Erkannten an den jeweilig Erkennenden[80].
- „*Interesse an Differenz*" und an der „*Pluralität von Wirklichkeitskonstruktionen*"[81].
- Postulat der Autonomie u.a. durch Selbststeuerung, (operative) Geschlossenheit, Strukturdeterminismus und zirkuläre Selbstproduktion (Autopoiesis)[82].
- Interesse an zirkulären und paradoxen Denkfiguren (→ intensives Auseinandersetzen mit dem Phänomen der „Rekursion"[83].

72 Kuhn (2003, S. 161).
73 Vgl. Feyerabend (1987, S. 161).
74 Siehe hierzu z.B. Knorr-Cetina (1989, S. 87f) und Fried (2001, S. 40–52).
75 Vgl. Gerum (1979, S. 205).
76 Vgl. Gerum (1979, S. 205).
77 Pörksen (2011, S. 21-25).
78 Pörksen (2011, S. 21).
79 Pörksen (2011, S. 21).
80 Pörksen (2011, S. 23).
81 Pörksen (2011, S. 23).
82 Pörksen (2011, S. 24).
83 Pörksen (2011, S. 24).

Zur Konkretisierung des heterogenen Feldes werden in der nachfolgenden synoptischen Darstellung (Tabelle 2.2) des Konstruktivismus verschiedene relevante Aspekte dargestellt.

Tab. 2.2. Überblick über die konstruktivistischen Spielarten (Quelle: Fried (2001, S. 41); leicht gekürzt und verändert).

Konstruktivistische Spielart	**Phänomenologischer Sozialkonstruktivismus**	**Radikaler Konstruktivismus**	**Relationaler Sozialkonstruktivismus**
Vertreter	Alfred Schütz, Harold Garfinkel, Peter L. Berger, Thomas Luckmann	Humberto R. Maturana, Francisco J. Varela, Jean Piaget, Heinz von Foerster, Ernst von Glasersfeld, Peter M. Heijl, Ger hard Roth, Siegfried J. Schmidt, Paul Watzlawick, Gerhard Rusch	Kenneth J. Gergen, Hans-Peter Dachler, Dian-Marie Hosking, Ian E. Morley
Ursprünge/ Grundlagen	Wissenssoziologie Phänomenologie	Neurobiologische und physiologische Erkenntnisse, Theorie der Autopoiese lebender Systeme, genetische Epistemologie	Radikaler Konstruktivismus
Gegenstand	gesellschaftliche Ordnung	lebendes System	Beziehung zwischen Individuen
Fragestellung	Wie geschieht die gesellschaftliche Konstruktion von Wirklichkeit	Inwieweit ist die von Menschen als objektiv erfahrene Wirklichkeit erkennbar? in welcher Art und Weise operiert der menschliche Erkenntnisapperat?	Wie können Individuen die Grenzen ihrer Lebenswelt überschreiten und kommunizieren? Was sind die Inhalte und Geschichte gesellschaftlicher Konstruktionen von Wirklichkeit?
Zielsetzung	Theoriebildung für die Soziologie, Beschreibung der Phänomene Wirklichkeit und Wissen	Kybernetisch begründete Theorie des menschlichen Erkenntnis und Wissenserwerbs	Akzentuierung radikal konstruktivistischer Überlegungen durch neue wissenschaftstheoretische und methodische Begründungen
Schlüsselbegriffe	Alltagswissen, Externalisierung, Objektivation, Internalisierung, gesellschaftliche Ordnung, Instituitionen	Kognition, Autopoiese, Assimilation, Akkomodation, Perbutation, konsensueller Bereich	Beziehungen, Narration, Text, Kontext

Kritische Theorie Die „Kritische Theorie" entwickelt sich aus der Kritik zur „Phänomenologie" und zum „Logischen Empirismus"[84]. In Abgrenzung zum „traditionellen" Theorieverständnis, welches sich an der Trennung von Subjekt und Objekt orientiert, geht die „Kritische Theorie" davon aus, dass „*sowohl das Subjekt (der Wissenschaftler) als auch das Objekt von der Gesellschaft geprägt sind*"[85]. Das folgende Zitat von HORKHEIMER bringt diese Position zum Ausdruck.

> „Das Begreifen der Krise der Wissenschaft hängt von der richtigen Theorie der gegenwärtigen gesellschaftlichen Situation ab, denn die Wissenschaft, als eine gesellschaftliche Funktion, spiegelt in der Gegenwart die Widersprüche der Gesellschaft wider".[86]

Die der tradionellen Auffassung nach zugrunde liegende Idee einer instrumentellen Vernunft, die Vernunft als etwas „Über-Individuelles" sieht, wird von HORKHEIMER kritisiert[87]. Insbesondere die – aus Sicht der Vertreter der „Frankfurter Schule" (HORKHEIMER, MARCUSE, ADORNO) – dazu verführende totalitäre Positionierung der „objektiven Vernunft" wird abgelehnt. Das daraus abgeleitete Konzept der „Versöhnung", das sich auch durch die kritische Auseinandersetzung mit dem Holocaust entwickelt hat, zielt mit einer (negativen) Utopie auf eine emanzipierte Gesellschaft[88] ab. Wissenschaftliche Praxis wird aus dieser Sicht heraus als nichts anderes als die „Perfektionierung der Naturbeherrschung durch die instrumentelle Vernunft" verstanden[89].

Aus der gleichen Kritik heraus entwickelt HABERMAS das Konzept der „*kommunikativen Rationalität*"[90], das sich auf Basis von Normen und Werten am Ideal der *Verständigung*[91] ausrichtet. Mit der Einführung des Rationalitätsbegriffes und der damit eingeräumten Konzession an die positivistische Wissenschaftstheorie POPPERS ergibt sich der stärkste wissenschaftstheoretische Schnitt zu den Vertretern der ersten Generation der „Frankfurter Schule" (HORKHEIMER/ADORNO)[92].

---

84 Vgl. Hartz & Lang (2003, S. 15).
85 Hartz & Lang (2003, S. 16).
86 Horkheimer (1932, S. 7).
87 Horkheimer (2007)
88 Vgl. Behrens (2009, S. 213).
89 Hu (2004, S. 74).
90 Vgl. Habermas (1995, S. 28f).
91 Vgl. Behrens (2009, S. 213).
92 Hu (2004, S. 74).

2.2 Coaching

Innerhalb des Beratungsfeldes „Coaching“ gibt es eine Vielzahl von Ansätzen. NESTMANN/ENGEL/SICKENDICK führen z.B. in ihrem Übersichtswerk unter der Kategorie „Beratungsansätze“ allein 13 unterschiedliche Ansätze auf[93]. Aus der Vielzahl dieser Ansätze wurde aus pragmatischen und inhaltlichen Gründen der „personzentrierte“ und der „systemische“ Beratungsansatz ausgewählt. Obgleich beide Ansätze unter ihrem Oberbegriff wieder unterschiedliche Ausprägungen erfahren, sind die beiden Ansätze – bei abstrakter und generalisierender Betrachtungsweise[94] – hinsichtlich wesentlicher Beratungsaspekte (Rolle der Person, Interventionsverständnis, theoretisches Grundverständnis) sehr heterogen und es spricht somit einiges dafür, anhand dieser differenten Positionen die Verbindungsmöglichkeiten zu wissenschaftstheoretischen Ansätzen zu beleuchten. Die pragmatischen Gründe für die Auswahl liegen in der gebotenen Kürze sowie in den Ressourceneinschränkungen dieser Arbeit.

Bevor im Folgenden die Ansätze kurz vorgestellt werden, wird kurz darauf hingewiesen, dass die Beschreibung der Ansätze, jeweils auf Basis der innerer Sichtweise bzw. des Selbstverständnisses des jeweiligen Ansatzes erfolgt. Die kritische Auseinandersetzung im Hinblick auf die gewählten Forschungsfragen erfolgt in Kapitel 3[95], in dem die Ansätze dekonstruiert und analysiert werden.

2.2.1 Personzentrierter Ansatz

Grundkonzeption Im Mittelpunkt des person- oder klientenzentrierten Ansatzes stehen laut STRAUMANN[96] *„die Erfahrungen, Erlebniszusammenhänge und Entwicklungen*

- *der Person in ihrer Beziehung zu sich selbst,*
- *der Person in ihren zwischenmenschlich bestimmten Zusammenhängen und*

---

93 Im Einzelnen werden die Ansätze *„Psychoanalytisch orientierte Beratung“*, *„Verhaltensberatung nach dem kognitiv-behavioristischen Modell“*, *„Klientenzentrierte Beratung“*, *„Systemische Beratung“*, *„Integrative Beratungsansätze“*, *„Konstruktivistisch orientierte Beratung“*, *„Kooperative Beratung“*, *„Lebensweltlichorientierte Soziale Beratung“*, *„Gemeindepsychologische Beratung“*, *„Ressourcenorientierte Beratung“*, *„Beratung unter lösungsorientierter Perspektive“*, *„Narrative Beratung: Sprache, Erzählungen und Metaphern in der Beratung“* und *„Feministische Beratung“* genannt, vgl. Nestmann/Engel/Sickendiek (2007, S. 610ff).

94 Es gibt durchaus auch Positionen, die beide Konzeptionen miteinander verbinden, z.B. die personzentrierte Systemtheorie von KRIZ (siehe vgl. Schlippe & Schweitzer (2007, S. 74–77)). Nach Einschätzung des Autors ist dies allerdings die Ausnahme.

95 Siehe Seite 59.

96 Strautmann (2007, S. 641).

– *der Person in den interaktionell geprägten, sich laufend verändernden Verhältnissen von Ökologie, Technologie, Wirtschaft und Staat.“*

Aus dieser Perspektive heraus zielt die multidimensionale Konzeption nicht auf eine Anpassung der Umwelt an das Individuum oder umgekehrt ab, sondern stellt die Übereinstimmung (Kongruenz) zwischen individuellen, organisationellen und gesellschaftlichen Zielen in den Mittelpunkt[97].

Der personzentrierte Ansatz basiert theroretisch und konzeptionell auf den Arbeiten von ROGERS[98]. Dieser formuliert für den ausreichenden Erfolg einer Therapie die folgenden sechs Bedingungen:[99]

1. Zwei Personen befinden sich in *Kontakt*.
2. Die erste Person, die wir Klient nennen, befindet sich in einem Zustand der *Inkongruenz*; sie ist *verletztlich* oder *voller Angst*.
3. Die zweite Person, die wir den Therapeuten nennen, ist *kongruent* in der *Beziehung*.
4. Der Therapeut empfindet *bedingungslose Wertschätzung* gegenüber dem Klienten.
5. Der Therapeut erfährt *empathisch den inneren Bezugsrahmen* des Klienten.
6. Der Klient *nimmt* zumindest in geringem Ausmaß die Bedingungen 4 und 5 wahr, nämlich die bedingungslose Wertschätzung des Therapeuten ihm gegenüber und das empathische Verstehen des Therapeuten.

Als Grundlage wird dabei der hypothetische Prozessbegriff der „*fully functioning person*“ verwendet[100], der davon ausgeht, dass durch die Selbstaktualisierungstendenz, eine dem Organismus innewohnende immanente Tendenz, die persönlich optimale Entwicklung angestrebt wird. Die Selbstaktualisierungstendenz lässt sich in die Unterkategorien „*Selbstentfaltung*“, „*Selbstverwirklichung*“ und „*Selbstwirksamkeit*“ aufteilen. Die Beratungsleistung dient also im Wesentlichen nur dazu, die Blockaden zur wirksamen Selbstaktualisierung zu lösen.

Schematisch lässt sich dieses Beratungsgrundkonzept mit der folgenden Abbildung 2.4 darstellen.

Zur Konkretisierung des generellen Modells, d.h. zum besseren Verständnis des konkreten Handelns in der Beratungssituation, soll im Folgenden kurz die Erweiterung des Ansatzes durch das *Balance-Modell*[101] von STRAUMANN/ZIMMERMANN-LOTZ eingegangen werden.

---

97 Vgl. Straumann & Zimmermann-Lotz (2006, S. 28).

98 Vgl. Straumann & Zimmermann-Lotz (2006, S. 28).

99 Vgl. Rogers (2009, S. 28).

100 Vgl. Schmid (2007, S. 41) und Straumann & Zimmermann-Lotz (2006, S. 32).

101 Vgl. Straumann & Zimmermann-Lotz (2006, S. 35f).

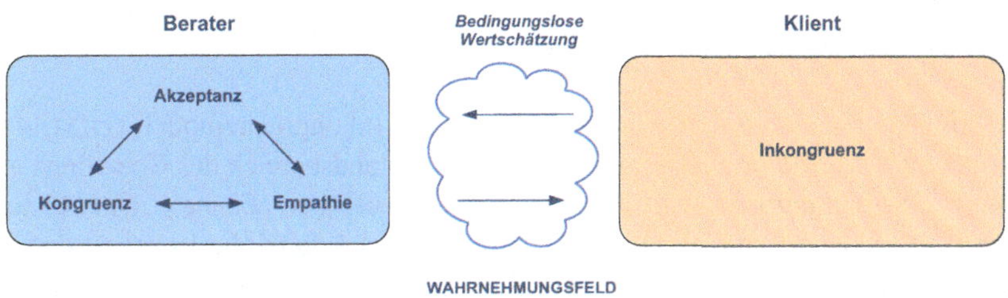

Abb. 2.4. Grundkonzeption des personzentrierten Ansatzes (Quelle: Eigene Darstellung)

Balancemodell Die Zielsetzung des Modells ist es, auf Basis "*kommunikativen und konsensorientierten Handelns*" zu zeigen, "*wie Aufgaben- und Problembewältigungen unter Einbeziehung der Perspektive von Experten beratungsrelevanter Disziplinen reflektiert und beurteilt werden können*"[102]. Die Darstellung der Konzeption wird in Bezugnahme auf LOTZ[103], durch die vier Aspekte „*Vision*", „*Haltung*", „*Situationsdeutung*" und „*Methode*" dargestellt.

Die *Vision* des Ansatzes ist es, Menschen bei ihrer Entwicklung und den Veränderungsprozessen zu unterstützen bzw. zu begleiten. Das Menschenbild orientiert sich somit stark an der humanistischen Psychologie und dessen fünf Prinzipien[104]

1. Der Mensch in seiner Eigenschaft als menschliches Wesen ist mehr als die Summe seiner Bestandteile.
2. Das menschliche Existieren vollzieht sich in menschlichen Zusammenhängen.
3. Der Mensch lebt bewusst.
4. Der Mensch ist in der Lage zu wählen und zu unterscheiden.
5. Der Mensch lebt zielbewusst.

Der *Haltungsaspekt* kann an den Punkten der Problemhoheit und des Interaktionsstils umrissen werden. Die Problemhoheit liegt bei diesem Ansatz beim Klienten, wohingegen die Verantwortung für die Prozessgestaltung beim Berater liegt. Der Interaktionsstil, der sich laut SCHREYÖGG[105] in die Dimensionen ‚*direktiv vs. non-direktiv*', ‚*Symmetrie vs. Asymmetrie*' und ‚*Authentizität vs. Zurückhaltung*'

102 Vgl. Straumann & Zimmermann-Lotz (2006, S. 35f).
103 Vgl. Lotz (2003, S. 31f).
104 Vgl. Quitmann (1996, S. 14–15).
105 Vgl. Schreyögg (2009, S. 55).

aufgliedert, lässt sich als non-direktiv, symmetrisch und situationsabhängig authentisch bzw. zurückhaltend einordnen.

Zur *Situationsdeutung* wird das differenzielle Inkongruenzmodell (DIM) von SPEIERER[106] zugrunde gelegt und für den Gegenstandsbereich des Coachings adaptiert. Die Inkongruenz wird dabei in den Dimensionen ‚*Ebene*', ‚*Quelle*' und ‚*Form*' differenziert betrachtet. Die Ebene bezeichnet dabei die Lokalität der Inkongruenz, die sich entweder auf die Person, auf die Rollen oder auf das System beziehen kann[107]. Als mögliche Quellen, verstanden als konstruktiv generativer Kausalbereich der Inkongruenz, werden als Möglichkeiten lebensereignisbedingte, dispositionelle oder sozial-kommunkikative Quellen angegeben. Die Form der Inkongruenz wird differenziert in „*Innen-Innen*" (Inkongrunenz zwischen Aspekten des eigenen Selbst), „*Innen-Aussen*" (Inkongruenz zwischen Selbstkonzept und Erfahrung) und „*Aussen*" (Stress-Inkongruenz).

Methodisch orientiert sich der Ansatz an einem dialogisch[108] gestalteten Prozess. Der Schwerpunkt liegt dabei konsequenterweise auf verbalorientierten Techniken[109], da die konstruktiv erlebbare Beziehung zum Berater und das daraus resultierende Vertrauen konstitutiv für den Ansatz ist. Als häufig verwendeten Techniken kommen daher „*Feedback geben*", „*Widerspiegeln (‚reflecting')*", „*Paraphrasieren*", „*Fragen (vornehmlich offene und zirkuläre Fragen)*" und das „*Verbalisieren emotionaler Erlebnisinhalte (VEE)*" zum Einsatz. Verbalorientierte Techniken, wie „*Suggestiv-Fragen*" oder „*Ratschlag geben*" kommen in dem Ansatz weniger zum Einsatz, da hier die Gefahr einer Asymmetrie in der Klienten-Berater-Beziehung besteht bzw. die Problemlösungs-Instanz vom Klienten zum Berater wechseln kann. Des Weiteren schließt der Ansatz andere unterstützende Sichtweisen und Techniken, wie z.B. eine lösungsorientierte Ressourcenbetrachtung[110] nicht aus, sondern ordnet diese lediglich den zuvor behandelten Prämissen unter, denn aus Sicht des Ansatzes hängt der Erfolg „*nicht so sehr von der systematischen Anwendung von Beratungstechniken ab, sondern von der Qualität der Beratungsbeziehung*"[111].

---

106 Vgl. Speierer (2006, S. 106f).

107 Vgl. Straumann & Zimmermann-Lotz (2006, S. 53–54).

108 Siehe hierzu auch das „dialogische Prinzip" bei Buber (2006).

109 Zur den verbalorientierten Interventitonstechniken, siehe Maurer (2009, S. 84f).

110 Vgl. Straumann & Zimmermann-Lotz (2006, S. 47).

111 Vgl. Berger (2006, S. 352–353).

2.2.2 Systemischer Ansatz

Die Verwendung des Begriffs „*systemisch*" hat in den letzten Jahren inflationär[112] zugenommen und zu einer „*babylonischen Bedeutungsvielfalt*"[113] geführt. Aufgrund der – dem Begriff zugeschriebenen Attraktivität – wird der Zusatz ‚*systemisch*' allerdings oft unreflektiert auf bestehende Konzeptionen bezogen bzw. adapiert, ohne dass eine inhaltiche Positionierung erfolgt. So definiert z.B. BRUNNER „*systemische Beratung*" als „*ganzheitliche Beratung*" bzw. „*vernetzte Beratung*" und gibt u.a. als Vorteil an, daß Probleme adäquater erfasst werden, wobei „*eine mögliche Komplexität von vornherein mit ins Auge gefasst wird und eine Multi-Perspektivität garantiert ist*"[114]. Dieser sehr weiten Betrachtung des Begriffes wird an dieser Stelle nicht gefolgt. Es wird daher die systemische Beratung[115], die sich u.a. aus der Tradition der neueren Systemtheorie von LUHMANN, den Grundlagen aus der Kybernetik, die VON FOERSTER geschaffen hat und den logischen Grundlagen des Formenkalküls von SPENCER-BROWN, dargestellt. Aufbauend auf diese kurz skizzierten Grundlagen, werden die zentralen Fragestellungen des Ansatzes dargestellt und die verwendeten Methoden kurz beschrieben.

Grundlagen Als theoretische Grundlage des Ansatzes wird eine aus dem Konstruktivismus abgeleitete Wirklichkeitskonstruktion betrachtet. Hierzu trifft VON FOERSTER die Unterscheidung zwischen einer „*trivialen Maschine*" und einer „*nichttrivialen Maschine*"[116]. Eine triviale Maschine ist dadurch gekennzeichnet, dass zeitunabhängig zu einem definierten Input immer der gleiche reproduzierbare Output erzeugt wird. Im Falle der nichttrivialen Maschine besitzt die Maschine einen Zustand, der die Generierung des Outputs verändert. Da der Zustand von außen nicht erkennbar ist, kann auch über den Output keine sichere Aussage im Sinne einer Ursache-Wirkungs-Kausalität erstellt werden. Lebende und soziale Systeme sind nach der Auffassung VON FOERSTERS als nichttriviale Systeme aufzufassen. Die Abbildung 2.5 stellt den Sachverhalt nochmals graphisch dar.

112 Vgl. Haas & Troschke (2010, S. 16).

113 Vgl. Schlippe & Schweitzer (2007, S. 49).

114 Vgl. Brunner (2007, S. 655–657).

115 Die Ausprägung wird u.a. auch als ‚*systemisch-konstruktivistische*' Ausrichtung bezeichnet, vgl. Backhausen & Thommen (2006, S. 32f).

116 Simon (2007, S. 35f).

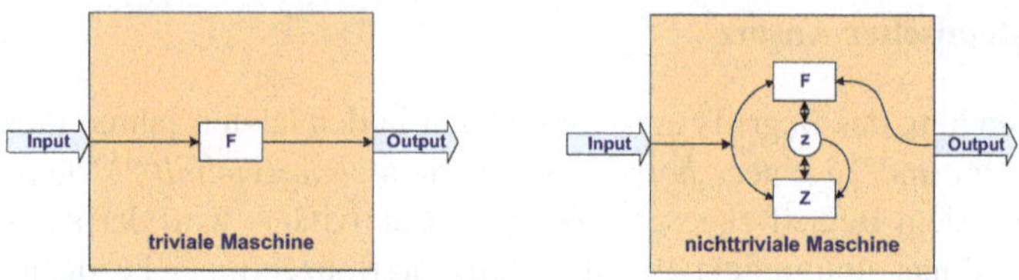

Abb. 2.5. Triviale und nichttriviale Maschine nach VON FOERSTER (Quelle: Simon (2007, S. 36–37); leicht geänderte Darstellung)

MATURANA und VARELA leiten nach ihren Untersuchungen mit ihrer biologischen Erkenntnistheorie die Organisationsform[117] der „*Autopoiese*“[118] ab. Autopoiese fasst lebende Systeme als einen selbst-referentiellen geschlossenen Zusammenhang von geschlossenen zirkulären Operationen auf. Der Output der nichttrivialen Maschine wird also wieder zum Input. Wie im Untertitel seines Buches postuliert, wird von MATURNA die erkenntnistheoretische Implikation „*Die Welt entsteht im Auge des Betrachters*“ abgeleitet[119]. Als weitere Folge ergibt sich daraus, dass eine instruktive Interaktion nicht möglich ist, sondern nur eine Irritation oder Perturbation und dass das Erkennen als aktive Konstruktionsleistung aufgefasst wird. LUHMANN wendet die neuere Systemtheorie auf soziale Systeme an und legt u.a. mit den Prämissen

1. die System/Umwelt-Differenz ist zentrale Leitidee[120];
2. Die System/Umwelt-Differenz ist nicht ontologisch[121];
3. „*Das System selbst erzeugt und beobachtet die Differenz von System und Umwelt. Es erzeugt sie, indem es operiert. Es beobachtet sie, indem dies Operieren im Kontext der eigenen Autopoiesis eine Unterscheidung von Selbstreferenz und Fremdreferenz erfordert, die dann zur Unterscheidung von System und Umwelt „objektiviert“ werden kann.*“[122];

eine neue Sichtweise vor. Im Mittelpunkt der Sichtweise steht nicht mehr der Zugriff auf die ontologischen Wesensheiten (Person/Gesellschaft), sondern eine In-

117 Im Gegensatz zur weitverbreiteten Meinung, das Konzept der Autopoiese sei ein Erklärungsprinzip bzw. ein Aspekt der Systemtheorie, nimmt hier MATURANA konkret Stellung „*Kurz, Autopoiese ist weder ein Erklärungsprinzip noch ein Aspekt der Systemtheorie, sondern eine Organisationsform wie „Stuhlheit“, „Tischheit“, „Hausheit“ – je nachdem, mit welcher Entität wir uns gerade befassen wollen.*“(Maturana, 2001, S. 153)

118 Vgl. Maturana & Varela (1997, S. 55f).

119 Maturana (2001).

120 Vgl. Luhmann (2002, S. 67).

121 Vgl. Luhmann (1987, S. 244).

122 Vgl. Luhmann (1987, S. 244).

tervention auf kommunikativer Ebene zu den jeweiligen Systemen und Subsystemen. Die Beobachtung wird dabei unterschieden in die phänomenologische Ebene des *Unterscheidens* und der Signal- bzw. Zeichenebene des *Bezeichnens*[123]. Als theoretische Grundlage wird hier das Formenkalkül[124] von SPENCER-BROWN herangezogen. Auf Grundlage von wenigen Basissätzen erfolgt eine logische Formalisierung der Unterscheidungsstruktur. Die Visualisierung des Kalküls erfolgt über die Visualisierung der Anweisung *Kreuz (cross)* $\rceil$. So lässt sich zum Beispiel das Axiom der *Verdichtung (condensation)* über die Gleichung

$$\rceil\,\rceil = \rceil .$$

darstellen und das Axiom der *Entwertung (cancellation)* über die Gleichung

$$\rceil\!\rceil = \; .$$

darstellen[125].

Beratungskonzeption Auf der Grundlage dieser abstrakten theoretischen Basis lassen sich nach HASELMANN[126] folgende pragmatische Punkte für den Denkansatz der systemischen Beratungsansätze anführen:

- Sichtweise, die Interaktions- und Kommunikationssysteme zu ihrem Gegenstand macht *(bei Achtung ihrer Selbstorganisation und Autonomie)*.
- Betrachtung der Wechselbeziehungen kommunizierender und interagierender Personen *(statt der Eigenschaften isolierter Individuen)*.
- „Störungen“ gelten als interaktionelle Probleme oder als „unglückliche Kommunikation“ *(statt als Zustände einzelner Personen)*.

Die systemische Beratung hat somit zum Ziel, den Möglichkeitsraum zu vergrößern und ist im Haltungsaspekt laut VON SCHLIPPE/SCHWEITZER[127] durch Neutralität (statt Allparteilichkeit), Neugier (statt Neutralität) und Irreverenz, die sich in der Respektlosigkeit gegenüber Ideen und Respekt gegenüber Menschen ausdrückt, gekennzeichnet[128].

123 Vgl. Simon (1999, S. 60).

124 Spencer-Brown (1997), zur Einführung siehe Simon (1999, S. 52–78); zur Einordnung in Bezug auf systemische Beratung siehe Schönwälder-Kuntze; Wille & Hölscher (2009, S. 284f)

125 Vgl. Simon (1999, S. 64–65).

126 Haselmann (2007, S. 156).

127 Vgl. Schlippe & Schweitzer (2007, S. 116f).

128 Die normativen Festlegungen lassen sich nicht stringent aus den theoretischen Grundlagen ableiten. Daher ist es bei unterschiedlichen Strömungen des Ansatzes durchaus möglich, dass hier eine andere Positionierung vorgenommen wird. So sehen z.B. Sydow (2007, S. 298) und von Kibéd; Sparrer & Ritter (2008, S. 86f) eher die Allparteilichkeit statt die Neutralität als Prinzip systemisches Denkens an.

Methoden & Techniken Methodisch werden im systemischen Ansatz u.a. „*Fragen (zirkulär und offen)*“, „*paradoxe Interventionen (positive Konnotationen, Umdeutung, Reframing, Splitting, positive Symptombewertungen, paradoxe Verschreibungen, Symptomverschiebungen)*“[129] und „*Analoge Interventionen (Metaphern, Bilder, Skulpturen, Sketches, Panotominen, Märchen, Geschichten)*“ angewendet[130]. Als Ziel der Interventionen wird dabei u.a. „*die Entlastung von Einzelpersonen*“, „*die Öffnung für Widersprüche*“, „*die Informationssammlung*“, „*die Vermittlung alternativer Sichtweisen*“ sowie „*die Balancierung zwischen emotionalen und rationalen Polen*“ angestrebt[131].

Prozessual können die verschiedenen Techniken in einer systemischen Schleife (siehe Abbildung 2.6) miteinander verknüpft werden. Durch das System-konstruktivische Paradigma des Ansatzes werden dabei in jeder Phase Beobachter n.-ter Ordnung (“Beobachter, die Beobachter beobachten, die Beobachter beobachten ...) zur Reflexion der Kommunikation eingesetzt. Methodisch beispielhaft hier ist das „Reflecting-Team“ [132].

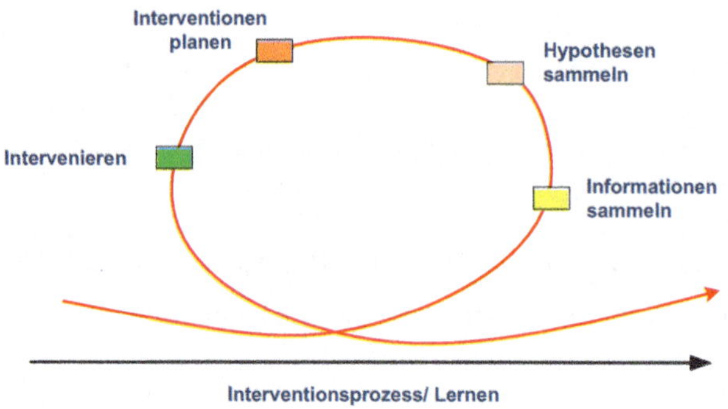

Abb. 2.6. Prozessmodell systemische Schleife (Quelle: Burmeister & Steinhilper (2010, S. 116))

---

129 Die Interventionstechnik ist aus der systemischen Familientherapie übernommen (vgl. Simon; Clement & Stierlin, 2004, S. 253–255) und wird in Bezug zum arbeitsweltlichen Kontext durchaus kritisiert (vgl. Birkner & Mohe, 2009, S. 20).

130 Vgl. Königswieser & Exner (2008, S. 35–41).

131 Vgl. Königswieser & Exner (2008, S. 41–42).

132 Vgl. Schlippe & Schweitzer (2007, S. 199f).

2.3 Reflexion bestehender Ansätze für Nachbardisziplinen

Bevor die Analyse der Coaching-Ansätze unter dem wissenschaftstheoretischen Blickwinkel erfolgt, werden im Folgenden kurz die wissenschaftstheoretischen Begründungsansätze aus den Nachbardisziplinen dargestellt. Dies soll zum einen als Referenzpunkt für die Untersuchung genutzt werden und zum anderen für die Problemfelder und möglichen Schwierigkeiten sensibilisieren. Als Nachbardisziplinen wurden

- die Psychologie,
- die Psychotherapie und
- die Wirtschaftswissenschaften

ausgewählt. Neben diesen Disziplinen wäre sicher auch eine andere Auswahl möglich gewesen (z.B. Politologie, Soziologie, Pädgogik)[133], aber aufgrund der gebotenen Kürze musste eine Einschränkung getroffen werden. Die *Psychologie* wurde ausgewählt, da sie als Ursprungswissenschaft eine grundlegende Rolle spielt und sie die Ursprungsprofession vieler Protagonisten im Coaching-Umfeld ist. Da die *Psychotherapie* methodisch[134] die größte Nähe zum Coaching besitzt, war es naheliegend, auch dieses Gebiet in die Betrachtung mit aufzunehmen. Als letztes wurde das Gebiet der Wirtschaftswissenschaften ausgewählt, da hier der arbeitsweltliche Bezug berücksichtigt wird.

2.3.1 Psychologie

Die Psychologie als Wissenschaft befindet sich im Spannungsfeld zwischen einer naturwissenschaftlichen und geisteswissenschaftlichen Auffassung[135]. Je nach Beantwortung der Frage „Was Psychologie sein soll, Natur- oder Geisteswissenschaft?“ kommt man zu sehr differenten Positionen[136]. Die Vertreter der naturwissenschaftlichen Richtung[137] (z.B. EBBINGHAUS, WUNDT, WATSON) sehen in der Anwendung der naturwissenschaftlichen Methode und dem naturwissenschaftlichen Grundverständnis eine angemessene und effiziente Position zum Gegenstandsbereich. WUNDT als einer der Begründer der wissenschaftlichen Psychologie sieht Psychologie, in Abgrenzung zu metaphysischen Ansätzen, zunächst als

133 Vgl. Moldaschl (2009, S. 22).

134 Maurer (2009, S. 55), resümiert hierzu: „*Der Unterschied zwischen Coaching und Psychotherapie liegt somit nicht in den Methoden, sondern besteht im Wesentlichen hinsichtlich der Zielgruppe, der Themen, des Gegenstands sowie der Verarbeitungstiefe.*“.

135 Vgl. Walach (2009, S. 63).

136 Vgl. Groeben & Westmeyer (1975, S. 16-17).

137 Vgl. Groeben & Westmeyer (1975, S. 17); Eckardt (2010, S. 72f).

eine empirische Wissenschaft, die über einen experimentellen Zugang und induktive Methodiken zu gesichertem Wissen kommen soll[138]. Später wird die Konzeption von WUNDT um den nicht-experimentellen Bereich der Völkerpsychologie erweitert und die strukturgleiche Kopplung zu den exakten Naturwissenschaften wird aufgegeben[139]. Als Begründung für die Differenzierung wird angeführt, dass es in der Psychologie auch um „Werte und Zwecke" geht, mit denen man im Gegensatz zu den physischen Gegenstandobjekten (Massen, Kräfte, Energien) und physischen Kausalitäten nicht experimentieren könne[140]. Damit ist die Psychologie schon bei ihrer Entstehung durch einen strukturimmanenten Dualismus gekennzeichnet. Der naturwissenschaftlichen Auffassung gegenüber steht die geisteswissenschaftliche Position mit ihren Vertretern (z.B. DILTHEY[141], WELLEK, SPRANGER, BINSWANGER)[142] gegenüber. Die verstehende Psychologie, im Gegensatz zur *‚erklärenden Psychologie'*, als Synonym für eine Psychologie, die auf einem überwiegend naturwissenschaftlichen Paradigma beruht, begründet ihre Position durch drei Argumentationsstränge:[143]

1. Das Seelenleben ist ein ursprünglicher Strukturzusammenhang und müsse in der Analyse *„vom Ganzen zu den einzelnen Gliedern"*[144] führen.
2. Das Seelenleben kann nur *„durch innere Wahrnehmung eindeutig verifiziert werden"*[145]. Die Methodik der inneren Wahrnehmung wird als Verstehen im hermeneutischen Verständnis eingeführt.
3. Die Strukturzusammenhänge des Seelenlebens brauchen *„nicht erschlossen"* zu werden, da sie *„ursprünglich gegeben"* sind[146]. Eine Hypothesenbildung über Begriffe, *„welche an der in den Sinnen gegebenen Außenwelt entwickelt worden sind"*[147], ist kein adäquater Zugang für das von innen Erlebte.

Für die Psychologie, im sozialwissenschaftlichen Verständnis, lassen sich somit die drei grundlegenden Theorierichtungen oder wissenschaftstheoretischen Ausprägungen ableiten[148], wobei sich die ersten beiden Richtungen aus dem oben

138 Vgl. Eckardt (2010, S. 71-77).
139 Vgl. Eckardt (2010, S. 84).
140 Vgl. Eckardt (2010, S. 84).
141 Zur Position DILTHEYS siehe auch Seite 34.
142 Vgl. Groeben & Westmeyer (1975, S. 17); Eckardt (2010, S. 93).
143 Eckardt (2010, S. 93–94).
144 Dilthey (1990[1894], S. 238).
145 Dilthey (1990[1894], S. 152).
146 Dilthey (1990[1894], S. 152).
147 Dilthey (1990[1894], S. 196).
148 Kriz; Lück & Heidbrink (1990, S. 151).

geschilderten Dualismus zwischen Geistes- und Naturwissenschaft und der letzte Ansatz aus der Auseinandersetzung mit der kritischen Theorie ergeben:

- Normativ-ontologische Theorieansätze
- Neopositivistische bzw. Empirisch-analytische Ansätze
- Kritische oder Dialektische Theorieansätze

Die nachfolgende Tabelle 2.3 zeigt die einzelnen Richtungen mit den Ausprägungen hinsichtlich Erkenntnisanspruch, Erkenntnismittel und den grundlegenden Positionen auf.

Insbesondere der Ansatz der subjektwissenschaftlichen Theoriebildung von HOLZKAMP, der der kritischen Theorierichtung zuzuordnen ist, stellt eine interessante Alternative dar. In dem Ansatz wird der Bedingtheitsdiskurs, der aus Sicht *Holzkamps* die herrschende Variablenpsychologie dominiert, durch einen Begründungsdiskurs ersetzt[149].

2.3.2 Psychotherapie

Psychotherapie als eigenständige Wissenschaft grenzt sich von ihrer Haltung, der Erklärungseinheit und den theoretischen Zielen von den Nachbardisziplinen ab (siehe Tabelle 2.4) und beansprucht somit einen eigenen Platz als wissenschaftliche Disziplin[150].

Auch wenn dieser Einschätzung nach den obigen Ausführungen, insbesondere im Bereich der Psychologie, nicht in jedem Punkt gefolgt werden kann, sind die Abgrenzungen zu den Nachbargebieten zwar nicht so trennscharf, wie VON DEURZEN/SMITH & SMITH argumentiert, jedoch deutlich vorhanden. Für das Forschungsgebiet der Psychotherapie sieht KRIZ[151] die drei grundsätzlichen Forschungsparadigmen

- klassisch-experimentell,
- qualitativ-interpretativ und
- humanistisch-systemisch.

Aus Sicht von KRIZ dominiert dabei das klassisch-experimentelle Paradigma und die beiden anderen Paradigmen werden inhaltlich und strukturell diskriminiert[152]. Dies wird durch die Beschränkung der Zulassung für PsychotherapeutInnen bzw. Kinder und JugendlichenpsychotherapeutInnen auf die verhaltenstherapeutische und psychoanalytische/tiefenpsychologische Richtung in Deutschland

149 Vgl. Holzkamp (1993, S. 67-68).

150 von Deurzen-Smith & Smith (1996, S. 42).

151 Vgl. Kriz (2010, S. 130f).

152 Vgl. Kriz (2010, S. 134f).

Tab. 2.3. Dimensionen sozialwissenschaftlicher Theoriebildung (Quelle: Kriz; Lück & Heidbrink (1990, S. 151)).

	Normativ-ontologische Theorieansätze	**Neopositivistische bzw. empirisch-analytische Theorieansätze**	**Kritische oder dialektische Theorieansätze**
Erkenntnisanspruch:			
Erkenntnisziel	idiographische „Beschreibung"; praktischer Rat	nomothetische Sätze; technologische Anweisungen	historisches Gesetz Gesellschaftskritik
Erkenntnis-Interesse	praktisches (Konsensus von Handelnden)	technisches (Verfügung über vergegenständlichte Prozesse)	emanzipatorisches (Selbstreflexion)
Erkenntnis-Gegenstand	Sinn und Wesen von Staat, Gesellschaft, Mensch, Educandus usw.	Verhalten von Individuen, Gruppen, Organisationen	Gesellschaft
Erkenntnismittel (Methodologie):			
Denkmethoden (Verarbeitungs-Muster)	Hermeneutik, Phänomenologie, Verstehende Psychologie	logischer Empirismus, kritischer Rationalismus	Dialektik, Hermeneutik
Tätigkeit des Wissenschaftlers	wissenschaftliches Nach- und Vordenken, Verstehen	Beschreiben, Erklärung, Prognose (Kritik-Kontrolle der Erfahrung)	Kritisch konfrontieren und politisch wirken (Kritik-Korrektur der Erfahrung)
Ansätze	historisch-genetische, ideengeschichtliche	strukturell-funktionale	kritisch-historische und „kritisch-empirische"
Forschungs-methoden und -techniken	Quellen- und Textkritik, historisch-philosophische Argumentation	Regeln und Techniken der empirischen Sozialforschung	historisch-ökonomische, ideologiekritische Analyse mit empirischer Sozialforschung als Hilfsmittel
Grundlegende Positionen:			
Wertproblematik	Einschluß von ontologisch und anthropologisch begründeten Werten	Streben nach Wertfreiheit (zumindest im Forschungsprozeß)	„Emanzipation" und andere historisch begründete Werte sind einbeschlossen
Verhältnis „Wissenschaft"-„Gesellschaft"	Sinngebung (Aufklärung als konservatives Moment), Ratgeber	Trennung (wertneutrale Aufklärung)	Sozialkritische Funktion der Wissenschaft, Wissenschaft als gesellschaftlicher Produktionsfaktor

Tab. 2.4. Psychatrie, Psychologie und Psychotherapie im Vergleich (Quelle: von Deurzen-Smith & Smith (1996, S. 39)).

Disziplin	*Psychatrie*	*Psychologie*	*Psychotherapie*
Haltung	an der Physik orientiert	am Aufbau orientiert	intentional
Erklärungseinheit	neurophysiologisches Substrat	mentale Prozesse	propositionale Einstellungen
theoretisches Ziel	nomologische Erfassung	funktionelle Analyse	intentionale Erklärung

noch strukturell verstärkt. Die dadurch propagagierte Sichtweise der wissenschaftlichen Arbeitsweise schränkt auf Methoden und deren Nutzung ein. Das Experiment z.B. als Methode wird im Wesentlichen auf die klassische Struktur zwischen abhängiger und unabhängiger Variable – hinsichtlich ihrer wissenschaftlichen Würdigung – eingeschränkt. Obgleich viele praktizierende zugelassene Psychotherapeuten verschiedene Methoden bzw. Techniken anderer Paradigmen nutzen (laut KRIZ ist für 43% Gesprächspsychotherapie, für 41% systemische Therapie und für 27% Gestalttherapie wichtig für die eigene psychotherapeutische Identität[153]) hat diese Diskriminierung Auswirkungen auf den rekonstruierten Wissenschaftsbegriff in der „practical community" und dadurch auch in der „scientific community". Die Gefahr einer eklektischen Vorgehensweise, bei der nützlich empfundende Theoriefragmente, auch ohne eine sinnstiftende Verknüpfung zur Begründung therapeutischen Handelns herangezogen werden, ist damit unverkennbar[154]. Dieser Sachverhalt mag als ein Indiz für die Sinnhaftigkeit einer notwendigen wissenschaftstheoretischen Fundierung gelten.

2.3.3 Wirtschaftswissenschaften

Innerhalb der Wirtschaftswissenschaften lassen sich auch aufgrund der relativ langen Geschichte und des recht breiten Gegenstandsbereiches eine Vielzahl von paradigmatischen Grundströmungen vorfinden. Da der Gegenstandsbereich des „Cochings" die größte Nähe zur Betriebswirtschaft bildet, wird im Folgenden nur auf diese Fachdisziplin eingeschränkt. Historisch betrachtet wird die Betriebswirtschaftslehre (BWL) durch deren Gründungsväter paradigmatisch vorgeprägt.

---

[153] Kriz (2010, S. 130).

[154] Vgl. Parfy (1996, S. 164).

SCHMALENBACH[155] sieht „BWL als Kunstlehre[156]" an und verbindet diese mit der Idee der *Wirtschaftlichkeit*, RIEGER[157] hingegen sieht die „BWL als theoretische Wissenschaft" und ordnet ihr die Idee der *Rentabilität*[158] zu, wohingegen NICKLISCH[159] „BWL als ethisch-normative Wissenschaft" positioniert und die Idee der *Betriebsgemeinschaft*[160] in den Vordergrund stellt.

Auf Basis dieser paradigmatischen Vorprägung entwickeln sich die Ansätze der faktor-orientierten (GUTENBERG[161]), der entscheidungs-orientierten (HEINEN[162]), der verhaltens-orientierten (SCHANZ[163]) und der system-orientierten (ULRICH[164]) Betriebswirtschaft. Diese werden durch neuere, teilweise recht spezifische, Ansätze wie z.B. durch den marketing-orientierte Ansatz (MEFFERT/BECKER[165]), den systemisch-evolutionären Ansatz (KIRSCH[166]) oder den ökologischen Ansatz (PFRIEM/HOPFENBECK[167]) ergänzt oder weiterentwickelt.

Für die Betriebswirtschaft stellt sich aufgrund der unterschiedlichen Positionen die Frage, ob diese eher „ideal-theoretisch" oder eher „real-theoretisch" ausgerichtet sein soll.

Unter „real-theoretisch" wird dabei eine Position verstanden, die Praxisanforderungen nach wissenschaftlich fundierten Gestaltungsempfehlungen aufgreift und damit nach CHMIELEWICZ[168] als „Technologie" zu verstehen ist, die die Lehre nach zielerreichendem Gestalten in den Vordergrund stellt. Im Laufe der Entwicklung der Wirtschaftswissenschaft hat die real-theoretische oder pragmatische Richtung eine immer größer werdende Bedeutung bekommen und nach Einschätzung des Autors mittlerweile auch eine zumindest quantitativ dominierende Posi-

---

155 Vgl. Schmalenbach (1911, S. 490f).

156 SCHMALENBACH stellt hier die „Kunstlehre" der „Wissenschaft" gegenüber (vgl. Schmalenbach, 1911, S. 491), wobei er einen historisch verständlichen, aber aus heutiger Sicht unzureichenden Wissenschaftsbegriff verwendet.

157 Rieger (1928).

158 Vgl. Rieger (1928, S. 60).

159 Nicklisch (1922).

160 Vgl. Nicklisch (1932, S. 294f). NICKLISCH stellt hier schon recht früh den Menschen in den Mittelpunkt der Betrachtung (*„Das Wort B e t r i e b s g e m e i n s c h a f t bedeutet, dass Menschen einheitlich verbunden, das Leben des Betriebes leisten und daß der Mensch auf diese Weise aus dem Betriebsmechanismus einen Organismus macht.*", Vgl. Nicklisch (1932, S. 296))

161 Gutenberg (1929).

162 Heinen (1971).

163 Schanz (1977).

164 Ulrich (1985).

165 Meffert (2000); Becker (2001).

166 Kirsch (1997).

167 Hopfenbeck (2000).

168 Vgl. Chmielewicz (1994, S. 169f).

tion eingenommen. Dabei nimmt die pragmatische Ausrichtung im Wesentlichen Rekurs auf den kritischen Rationalismus und den Konstruktivismus[169]. KRETSCHMANN[170] zeigt historisch auf, wie und in welchen Phasen[171] der kritische Rationalismus als vorherrschendes Grundprinzip in die Betriebswirtschaftslehre diffundiert ist[172].

Neben dieser Hauptströmung finden sich auch in einzelnen Teilgebieten strukturgleiche Diskussionen zu aktuellen wissenschaftstheoretischen Diskussionen, so z.B. die Kontroverse zwischen REED und CONTU/WILLMOT über eine realistische oder anti-realistische Position in der Organisations- und Managementwissenschaft[173] oder über Ansätze die Kritische Theorie auf Managementwissenschaften zu übertragen[174]. Neben dieser eher theoretisch geführten Diskussion haben sich noch andere diverse Diskussionen auf der Methodenebene etabiliert. Analog zu den anderen Nachbardisziplinen ist hier häufig die Diskussion zwischen qualitativen und quantitativen Methoden der Ausgangspunkt[175]. Dies führt insgesamt zu einem Pluralismus an Ansätzen, denen entweder mit einer Spezialisierung oder mit einer Öffnung in „multiperspektive" Betrachtungsweisen, die wiederum in unterschiedlicher Art und Weise wie z.B. *Supra- bzw. Transdiszplinarität*[176], *Integrativer Pluralismus*[177] oder in anderer postmoderner Betrachtungsweise ausgeprägt sein kann, begegnet wird.

169 Vgl. Kornmeier (2007, S. 38f) und Siemoneit (2010, S. 21).
170 Kretschmann (1990).
171 Vgl. Kretschmann (1990, S. 6f).
172 Siehe hierzu auch Breinlinger-O'Reilly (1991, S. 47f).
173 Vgl. Reed (2005b); Reed (2005a); Contu & Willmott (2005) oder vergleichbar Powell (2003).
174 Alvesson & Willmott (2003).
175 Vgl. Wrona (2006, S. 190–195).
176 Vgl. Siemoneit (2010, S. 234–235).
177 Mitchell (2008, S. 22f).

3 Analyse und Dekonstruktion der Coaching-Konzepte aus wissenschaftstheoretischer Perspektive

Die Analyse der Coaching-Konzept wird zweistufig vorgenommen. Zunächst werden in einer ersten Phase die Kriterien entwickelt unter deren Perspektive die Analyse erfolgen soll und in der zweiten Phase wird dann die eigentliche Analyse und Dekonstruktion vorgenommen. Die Analyse im allgemeinen und Dekonstruktion im speziellen erhebt dabei keinen Wahrheitsanspruch in einem korrespondenztheoretischen Sinn[1], sondern orientiert sich an den sinnvoll möglichen(!) Beantwortungen der Forschungsfragestellungen. Desweiteren würde eine Auswahl unter den dichotomen Einordnungen *richtig* und *falsch* bedingen dass zur Auswahl eine Metatheorie herangezogen wird oder eine Theorie bzw. eine Entscheidungsinstanz der anderen übergeordnet wird. Dies ist aber wiederum nicht möglich, da wir beim Versuch des Begründungszusammenhangs in einen selbstbezüglich Regress geraten würden. Aus diesen Gründen, bleibt somit nur die Alternative einer offenen Analyse auf rationaler Basis, die sich ihrerseits aber wieder der Diskussion hinsichtlich der wissenschaftlichen Kriterien stellen muss.

3.1 Kriterienentwicklung für die Analyse/Dekonstruktion

Die Kritrien werden unter dem Blickwinkel der Fragestellung in die drei Kategorien

- erkenntnis-/wissenschaftstheoretische Kriterien,
- system- und aufgabenbedingte Kriterien und
- Dekonstruktionskriterien

aufgeteilt.

---

[1] Zur Diskussion und Kritik der korrespondenztheoretischen und des konsensorientierten Wahrheitsbegriffs siehe Gerber (1976).

3.1.1 Erkenntnis-/wissenschaftstheoretische Kriterien

Ausgehend von der obigen Darstellung werden die Kritrien für die „*epistemologische Argumentationsbasis*", die „*ontologische Haltung*", sowie die „*linguistische Position*" abgeleitet, die nachfolgende in ihrer Ausprägung und einer kurzen Beschreibung in Tabellenform dargestellt werden.

Die Tabelle 3.1 zeigt die unterschiedlichen Ausprägungen der epistemologische Argumentationsbasis auf. Bei einzelnen Positionen z.B. zwischen empirisch/induktiv und rational/deduktiv gibt es teilweise auch vermittelnde Positionen[2], die aber auch die Frage nach der vor- und nachrangigen Betrachtungsweise nicht ausschalten können.

Tab. 3.1. Kriterium: Epistemologische Argumentationsbasis (Quelle: Eigene Darstellung).

	Epistemologische Argumentationsbasis
Auspägung	**Beschreibung**
empirisch/induktiv	Der Erkenntniszugung erfolgt primär über die Empirie. Auf dieser phänomenologischen Basis werden dann Erkenntnisse über das Induktiv-Schlussverfahren gewonnen. Im Klärungsfall wird die Empirie als Entscheidungsinstanz herangezogen.
rational/deduktiv	Die Präferenz des Erkenntniszugangs liegt in dieser Ausprägung auf der rationalistischen Konstruktion und der daraus abgeleiteten deduktiven Schlussfolgerungen. Dies bedeutet nicht, dass die empirisch phänomenologische Ebene ausgeschlossen ist, sondern nur dass diese der rationalen Betrachtungsweise nachgeordnet wird. Letze Entscheidungsinstanz in dieser Auspräung bleibt aber die Ratio.
pragmatisch/abduktiv	Ausgehend von der Beobachtung von Einzelfällen erfolgt eine konstruktiv pragmatische Generierung der Erkenntnisse. Im Vordergrund dieser Ausprägung steht eine instrumentelles Verständnis.

Für ontologische Haltung wird in die beiden Ausprägungen „*konstruktivistisch*" und „*kritischer Realismus*" unterschieden. Andere Positionen, wie z.B. naiv realistisch wurden nicht aufgenommen, da diese sowohl im Gegenstandsbereichs der Coachingwissenschaften wie auch im aktuellen wissenschaftstheoretischen Forschungsstand keine entscheidende Bedeutung (mehr) besitzen. Die Ausprä-

[2] So z.B. KANT, der eine vermittelnde Position zwischen beiden Extremen eingenommen hat, und dies mit seinem Diktum „*Gedanken ohne Inhalt sind leer, Anschauungen ohne Begriffe sind blind*" die notwendige Bezugnahme beider System aufeinander formuliert., vgl. Kant (1781/2003, S. B75).

gung „kritischer Realismus“[3] umfasst unterschiedlicher Positionen (z.B. Hypothetischer Realismus, gemäßigt-kritischer Realismus), die aber im Bezug zur Fragestellung nicht notwendigerweise differenziert werden müssen[4]. Die Ausprägungen mit einer kurzen Beschreibung sind in Tabelle 3.2 aufgeführt.

Tab. 3.2. Kriterium: Ontologische Haltung (Quelle: Eigene Darstellung).

	Ontologische Haltung
Auspägung	**Beschreibung**
konstruktivistisch	Die Haltung besagt, dass ein Zugriff auf ein (objektive) Welt außerhalb der eigenen Wahrnehmung nicht möglich ist. Als Erkennende Instanz rückt daher das Subjekt in den Mittelpunkt.
kritischer Realisimus	Bei dieser Ausprägung geht man von einer realen (objektiven) Welt aus, die aber aufgrund der phänomenologische Wahrnehmungsproblematik, z.B. durch Grenzen der sinnlichen Erfahrung oder durch die „theoriebeladenheit“ der Erfahrung, keinen unmittelbar direkten Zugang erlaubt.

Das letzte Kriterium im erkenntnis-/wisseschaftstheoretischen Aspekt ist die *linguistische Position*, die den sprachlich/kommunikativen[5] Austausch und dessen Rolle beschreibt. Für diese Postion werden die Ausprägungen „*kommunikativ-strukturell*“, „*inhaltlich-strukturell*“ und „*prozess-strukturell*“ vorgeschlagen, die in der nachfolgende Tabelle 3.3 kurz erläutert werden.

3.1.2 System- und gegenstandsbedingte Kriterien

Neben den erkenntnis-/wissenschaftstheoretischen Kritierien werden auch system- und gegenstandsbedingte Kriterien für die Analyse herangezogen. Im Einzelnen werden die Kriterien „*Anspruch*“, „*Umfang*“ und „*Validitätsprinzipien*“, die mit ihren entsprechenden Ausprägeungen nachfolgend erläutert werden[6].

[3] Die wissenschaftstheoretischen Konzepte sollten inhaltlich genau betrachtet werden, da mitunter der Begriff Realismus auch in anderen Zusammenhängen verwendet wird. So benennt PUTNAM sein Position „interner Realismus“, obgleich es diesen mit „*(1) es gibt keinen archimedischen Punkt außerhalb der Realität und (2) von einer bewußtseinsunabghängigkeit kann keine Rede sein*“, vgl. Schneider (2006, S. 157).

[4] Vgl. Vollmer (2002, S. 34f). Zur vertiefenden Analyse siehe Suhm (2005).

[5] Wie bereits bei der Diskussion der generellen Fragestellung soll hier neben der Sprache auch grundsätzlich andere, z.B. non-verbale, Kommunikationsmöglichkeiten mit eingeschlossen werden

[6] Die Auswahl der Kriterien orientierte sich an einer strukturähnlichen Aufgabe aus dem Bereich des strategischen Managements, vgl. Bitsch (2011, S. 75f) und der Orientierung auf den arbeitsweltlichen Gegenstandsbereichs.

Tab. 3.3. Kriterium: Linguistische Position (Quelle: Eigene Darstellung).

	Linguistische Position
Auspägung	**Beschreibung**
kommunikativ-strukturell	Bei dieser Ausprägung liegt die Rolle der Verständigung schwerpunktmäßig auf dem kommunikativen Aspekt. Über die Kommunikation ist eine strukturelle und inhaltliche Verständigung möglich.
inhaltlich-strukturell	Diese Position geht davon aus, dass Inhalte semantisch zweifelsfrei und eindeutig über Kommunikationsstrukturen ausgetauscht werden können. Die Teilnehmer der Kommunikation können sich somit inhaltlich verständigen und Kommunkation hat nur eine Service-Funktion.
prozess-strukturell	Bei der prozess-strukturellen Position hat die Sprache bzw. die Kommunikation einen Einfluß auf den Prozess oder das System. Dies geht im Gegensatz zu den beiden obigen Positionen, aber nicht davon aus, dass dies zwingenderweise inhaltlich eindeutig ist oder einen Austausch im instrumentellen Sinne ermöglicht.

Das Kriterium „*Anspruch*“, klassifiziert die Art des Anspruchs des Ansatzes und wird in die Ausprägungen „*Erklären*“, „*Verstehen*“ und „*Gestalten*“[7].

Tab. 3.4. Kriterium: Anspruch (Quelle: Eigene Darstellung).

	Anspruch
Auspägung	**Beschreibung**
Erklären	Der Erklärungsanspruch hat im Mittelpunkt des Ansatzes die Fragestellung nach dem *Wie*. Der zugrundeliegende Analysebasis liegt dabei zeitlich in der Vergangenheit bzw. im Heute, und wird häufig auf empirischer Basis verankert.
Verstehen	Der Anspruch des Verstehens fragt nach den Gründen, also des *Warum*. Ähnlich wie bei dem Anspruch Erklären, liegt die Analysebasis in der Vergangenheit, aus der jedoch hier Sinnzusammenhänge entwickelt werden. Diese können sich zum einen direkt auf die phänomenale Ebene selbst beziehen und zum anderen Bezug auf bereits früher konstruierte Sinnzusammenhänge nehmen („Zirkel des Verstehens“).
Gestalten	Der Gestaltungsanpruch stellt die Bereitstellung von begründetem Handlungswissen für die Zukunft in den Mittelpunkt seiner Betrachtung. Die Frage nach dem *Was* bzw. *Was zu tun* oder *Was zu nicht zu tun ist* wird durch den Anspruch bearbeitet. Voraussetzung für das Gestalten ist jedoch eine normative Basis die eine Bewertung im hinblich auf gegebenene Ziele möglich macht.

7 Die Ausprägung „Prognose“, vgl. Bitsch (2011, S. 74–75), wurde hier nicht verwendet, da diese gemäß der gewählten Abgrenzung (siehe Abschnitt 1.2.1) nicht zum Gegenstandsbereichs des Coaching zugeordnet wird.

Mit dem Kriterium „*Umfang*“, da mit den Ausprägungen „*Person*“, „*Organisation*“ und „*Umwelt*“ werden die Ebenen der Betrachtung des jeweiligen Ansatzes bezeichnet. Obgleich sicher die Ebenen in jedem Coaching-Ansatz, per Definition, vorhanden sind, geht es bei dieser Einordnung darum, die Ebenen zu klassifizieren, die zumindest im Sinne einer kausualen Ursache-Wirkungskette grundsätzlich veränderbar oder gestaltbar sind.

Tab. 3.5. Kriterium: Umfang (Quelle: Eigene Darstellung).

	Umfang
Auspägung	**Beschreibung**
Person	Der Fokus bei dieser Ausprägung liegt bei der Person. Diese kann zum einen die Person bzw. die Personen im Coaching sein (Coachees) oder andere Personen innerhalb des arbeitsweltlichen Umfeldes welche zur Erreichung des Coachingziels verantwortlich sind.
Organisation	Bei der organisationellen Betrachtungsweise sind im Wesentlichen die Struktur, die Abläufe und die „Kultur“ der Organisation im Fokus. Es erfolgt eine Abstraktion von der personellen Ebene zu der organisatorischen Ebene.
Umwelt	Mit der Ausprägung „Umwelt“ werden Elemente außerhalb der Person und der Organisation miteinbezogen. Die Umwelt kann sich dabei auf Elemente aus der privaten Situation des Coachees (z.B. Familiensituation), des organisationellen Umfeldes (z.B. Marktsituation) und/oder des gesellschaftlichen/wirtschaftlichen Umfeldes beziehen.

Als letztes Kriterium werden die „*Validitätsprinzipien*“[8], mit den Ausprägungen „*intern*“, „*extern*“ und „*keine/immunisiert*“ betrachtet. Zielsetzung des Kriterium ist es einzuordnen, ob und welche Validierungsprinzipien im Ansatz vewendet werden. Die einzelnen Ausprägungen werden in der Tabelle 3.6 kurz erläutert.

3.1.3 Dekonstruktionsprinzipien

Neben der Analyse der Coaching-Konzepte, anhand der oben aufgeführten Kriterien, erfolgt noch eine „*Dekonstruktion*“ der einzelnen Konzeptionen. *Dekonstruktion* kann verstanden werden als eine analytische Strategie[9] zur Interpretation

[8] Mit dem Begriff „Validität“ soll dabei *keine* inhaltliche Aussage zur Ausprägung des Forschungsansatzes gemacht werden. Die mit dem Begriff Validitiät häufig fälschlicherweise verbundene Assoziation zur quantitativen Forschungsrichtung ist damit in keiner Weise beabsichtigt. Zum Begriff der „Validität“in der quantitativen und qualitativen Forschung, siehe Lamnek (2010, S. 134–145).

[9] Vgl. Martin (1990, S. 340).

Tab. 3.6. Kriterium: Validitätsprinzipien (Quelle: Eigene Darstellung).

Validitätsprinzipien	
Auspägung	**Beschreibung**
intern	Der Ansatz besitzt eine interne Validierung, anhand der die Korrektheit und die Zielerreichung im Sinne der Regeln und Verfahren des Ansatzes geprüft wird.
extern	Im Ansatz ist strukturell eine Validierung von ‚aussen', die von einen externen Position die Prüfung vornimmt. Dies bedingt, dass entweder die Authorität zur Prüfung nach außen gelegt sein muss und/oder es objektive bzw. intersubjektive Kriterien gibt, anhand derer die Prüfung erfolgen kann.
keine/immunisiert	Im Ansatz selbst sind keine Validierungsprinzipien vorhanden oder Validierungsansätze werden durch strukturkonsitutive Elemente des Ansatzes immunisiert.

schriftlicher Texte. DERRIDA sieht prinzipiell die zwei folgenden Strategien zur Analyse schriftlicher Texte an.

> „Die eine träumt davon, eine Wahrheit und einen Ursprung zu entziffern, die dem Spiel und der Ordnung des Zeichens entzogen sind, und erlebt die Notwendigkeit der Interpretation gleich einem Exil. Die andere, die dem Ursprung nicht länger zugewandt bleibt, bejaht das Spiel und will über den Menschen und den Humanismus hinausgelangen, weil Mensch der Name des Wesens ist, ... die volle Präsenz, den versichernden Grund, den Ursprung und das Ende des Spiels geträumt hat."[10]

DERRIDA wählt aus der postmodernen[11] Perspektive („Ende der großen Meta-Erzählungen") den zweiten Weg, dies bedeutet unter anderem die *„Abwesenheit des* [Bedeutungs-]*Zentrums*"[12]. Anhand der Aufgabenstellung, die gerade versucht über Konzeptionsgrenzen hinweg Bezüge zu finden, ist es daher sinnvoll die Dekonstruktion hier anzuwenden. Desweiteren soll durch die Dekonstruktion verhindert werden, dass nicht bereits a priori bzw. implizit ein Sinnzusammenhang über die einzelnen Konzeptionen in die Analyse *„eingeschleppt"* wird. Aus den obigen Ausführungen ergibt sich, dass man durch die Dekonstruktion zu verschiedenen Ergebnisse gelangen kann. Dies führt dazu, dass hier der Vorwurf des extremen Relativismus[13] gegen die Konzeption erhoben wird. Dies ist jedoch ein Missverständnis, die dekonstruktive Haltung ist im besonderen Maße pluralitätsoffen und

---

10 Derrida (1972, S. 441).

11 *„In äußerster Vereinfachung kann man sagen: ‚Postmoderne' bedeutet, daß man den Meta-Erzählungen keinen Glauben mehr schenkt"*, Welsch (2008, S. 33).

12 Weik (2003, S. 108).

13 Zur Diskussion siehe z.B. Fegter; Geipel & Horstbrink (2010, S. 237–238).

diversifikationsbereit[14] und dies entspricht eben genau nicht dem „anything goes". Dies bringt WELSCH pointiert mit seiner Aussage „*Denn nicht schon in Bekundungen unterschiedlicher Subjekte, sondern erst auf der Ebene des Widerstreits von Konzeptionen tritt jene Pluralität hervor, die gravierend und fruchtbar ist, und die Subjekte wären gehalten, bis in diese Dimension des Widerstreits sich argumentierend zurückzuarbeiten, anstatt sich in small talk zu ergehen und schon Ping-Pong – den Anfang von Argumentation – für eine Zumutung anzusehen*"[15] zum Ausdruck.

Die „*operative*" Durchführung der Dekonstruktion orientiert sich an den acht[16] von BOJE vorgeschlagenen taktischen Maßnahmen[17]. Eine kurze Bescheibung der einzelnen Maßnahmen ist aus der Tabelle 3.7 ersichtlich.

3.2 Analyse/Dekonstruktion des personzentrierten Ansatzes

Im Folgenden wird der personzentrierte Ansatz anhand der in Abschnitt 3.1 erarbeiteten Kriterien analysiert.

3.2.1 Erkenntnis-/wissenschaftstheoretische Kriterien

Epistemlogische Argumentationsbasis Die epistemologische Argumentationsbasis muss innerhalb der Personzentrierten Ansatzes auf Ebenen betrachet werden. Aus der Ebene der Beratungssituation erfolgt die Kenntnisgewinnung auf **pragmatisch/abduktive** Weise. Die Wahrnehmung und phänomenalen Aspekte innerhalb des Beratung werden vom Berater bzw. der Beraterin[18] zu Hypothesen verdichtet, anhand derer eine weitere Klärung erfolgt. Dies gilt auch bei Methoden bei denen vermeintlich keine eigenen Berateranteile vorhanden sind, wie z.B. dem Widerspiegeln, da auch hier durch die selektive Wahrnehmung und die Reformulierung ein aktiver Anteil beim Berater liegt. Auf der Ebene der Theoriebildung des Ansatzes liegt ein rational/deduktive Argumentationsbasis vor. Es wird zwar häufig argumentiert, der personzentrierte Ansatz, sei durch den Bezug auf ROGERS empirisch abgesichert, da dieser bei seinen Forschungsarbeiten den Therapieverlauf

14 Vgl. Welsch (2008, S. 148).

15 Welsch (2008, S. 322).

16 Für die Untersuchung wurde nicht alle acht Maßnahmen automatisch vollständig durchgeführt, sondern nur die Maßnahmen verwendet, bei denen sich aus jetziger Perspektive eine Differenz hinsichtlich der Fragestellung herausarbeiten lässt.

17 Vgl. Boje (2001, S. 22–34).

18 Im Folgenden wird der Einfachheit halber nur die männliche Person verwendet, gemeint sind aber natürlich immer beide Geschlechter.

Tab. 3.7. Story deconstruction guidelines (Quelle: Boje (2001, S. 21)).

Story deconstruction
1. **Duality search**. Make a list of any bipolar terms, any dichotomies that are used in the story. Include the term even if only one side is mentioned. For example, in male-centred and/or male-dominated organization stories, men are central and women are marginal others. One term mentioned implies its partner.
2. **Reinterpret the hierarchy**. A story is one interpretation or hierarchy of an event from one point of view. It usually has some form of hierarchical thinking in place. Explore and reinterpret the hierarchy (e.g. in duality terms how one dominates the other) so you can understand its grip.
3. **Rebel voices**. Deny the authority of the one voice. Narrative centres marginalize or exclude. To maintain a centre takes enormous energy. What voices are not being expressed in this story? Which voices are subordinate or hierarchical to other voices (e.g. Who speaks for the trees?)?
4. **Other side of the story**. Stories always have two or more sides. What is the other side of the story (usually marginalized, under-represented, or even silent)? Reverse the story, by putting the bottom on top, the marginal in control, or the back stage up front. For example, reverse the male-centre, by holding a spotlight on its excesses until it becomes a female centre in telling the other side; the point is not to replace one centre with another, but to show how each centre is in a constant state of change and disintegration.
5. **Deny the plot**. Stories have plots, scripts, scenarios, recipes and morals. Turn these around (move from romantic to tragic or comedic to ironic).
6. **Find the exception**. Stories contain rules, scripts, recipes and prescriptions. State each exception in a way that makes it extreme or absurd. Sometimes you have to break the rules to see the logic being scripted in the story.
7. **Trace what is between the lines**. Trace what is not said. Trace what is the writing on the wall. Fill in the blanks. Storytellers frequently use 'you know that part of the story.' Trace what you are filling in. With what alternate way could you fill it in (e.g. trace to the context, the back stage, the between, the intertext)?
8. **Resituate**. The point of doing 1 to 7 is to find a new perspective, one that resituates the story beyond its dualisms, exclucled voices or singular viewpoint. The idea is to reauthor the story so that the hierarchy is resituated and a new balance of views is attained. Restory to remove the dualities and margins. In a resituated story there are no more centres. Restory to script new actions.

systematisch diagnostisch und statistisch analysierte, sowie persönlichkeitsdiagnostische Test einsetzte[19], dies lässt sich jedoch in der aktuellen (Forschungs-)Praxis zur Theoriebildung, soweit diese überhaupt stattfindet, meines Erachtens nicht wiederzufinden. Hier werden im wesentlichen auf **rational/deduktiver** Argumentationsbasis die entsprechenden Konzepte entwickelt. Als Beispiel hierfür kann das besprochene Balance-Modell von STRAUMANN/ZIMMERMANN-LOTZ gesehen werden, die rein anhand deduktiver Ableitung die Konzeption erweitert haben.

Ontologische Position Der Zugang zur Wirklichkeit ist im personenzentrierten Ansatz **konstruktivistisch**. Belegpunkt hierfür ist, dass in diesem Ansatz der Klient über die Wirklichkeit entscheidet und nicht der Berater.

19 Vgl. Kriz (2010, S. 136).

Linguistische Position Obgleich wahrscheinlich die meisten Vertreter des Ansatzes ihre Position als Kommunikativ-strukturell einordnen würden, wird die Position hier als prozess-strukturell eingestuft. Eine Einordnung als kommunikativ-strukturell erfordert einen Austausch über Strukturen und Inhalte. Da jedoch die Wirklichkeitskonstruktion des Klienten bindend für den Berater ist, entsteht hier eine inhaltliche Asymmetrie im Kommunikationssystem. Ein Austausch im Sinne einer gleichwertigen Würdigung der Inhalte liegt hier somit nicht vor. Grundidee des Ansatzes ist es vielmehr durch den Aufbau der Beziehungsqualität die Selbstaktivierung bzw. die Selbstexploration zu fördern. Aus diesem Grund erfolgt somit die Einstufung mit **prozess-strukturell**.

3.2.2 System- und gegenstandsbedingte Kriterien

Anspruch Ähnlich wie bei der linguistischen Position würden wahrscheinlich die meisten Vertreter des Ansatzes hier die Einstufung Verstehen vornehmen. Eine Sinnkonstruktion kann hier aber allenfalls auf die methodisch nicht reflektierte Theoriebasis von Rogers bzw. die humanistische Psychologie beziehen und nicht auf das Coaching bzw. die Coaching-Wissenschaft selbst. Hier liegt der Schwerpunkt eindeutig im Gestalten, wobei auch kein zwingender Bezug auf ein Erkärungssystem ersichtlich ist. Der Ansatz wird somit hinsichtlich des Kriterium „Anspruch" mit **Gestalten** eingestuft.

Umfang Der Name des Ansatzes impliziert schon die Einordnung des Kriterium mit der Ausprägung *Person*, obwohl es innerhalb des Ansatzes immer wieder Bemühungen[20] gibt die Konzeption auf die organisationelle Ebene auszuweiten[21]. Eine konzeptionell schlüssige Integration zur Beratung im Organisationskontext, sowie ein konzeptionell-einheitliches Organisationsverständnis ist aber bis dato noch nicht vorzufinden. Insbesondere der Übergang vom Individum zur Organisation bleibt konzeptionell ungeklärt. Auch grundsätzliche Fragen, wie z.B. nach Abläufen, Strukturen und Deutungsmacht werden im Ansatz nicht behandelt. Sollten z.B. zwei Personen aus der Organisation hinsichtlich eines Sachverhalten diametral konträrer Meinung sein, so kann mittels des Konzeptes hier keine Klärung, im Sinne der Organisation, herbeigeführt werden. Für die Klärung würden innerhalb des Ansatzes letztlich wieder auf personenbezogen Konzepte (z.B. Konfliktklärung) zurückgegriffen. Daher kann das Kriterium Umfang für diesen Ansatz eindeutig mit **Person** eingestuft werden.

20 Z.B. Straumann & Zimmermann-Lotz (2006, S. 55).

21 Zur Kritik siehe z.B. Kühl (2006, S. 391f).

Validitätsprinzipien Die Bewertung des Kriteriums Validitätsprinzipien erfolgt mit **keine/immunisiert**. Es existieren zwar aus professionssoziologischer Perspektive Verfahren, wie z.B. zertifizierte Ausbildugen, permanente Supervision, die die Qualität sichern sollen, diese haben jedoch keinen Bezug zur inhaltlichen Konzeption. Es ist im weiteren innerhalb des Ansatzes nicht möglich wertende Aussagen hinsichtlich der Verfahrensweisen zu treffen, die die Normen der zugrundeliegenden Theorien überschreiten würden. Mit dem Verweis auf der Wirksamkeit beim Klient und der unterstellten Nichtbereitschaft letzlich normative Aussagen mit entsprechenden Konsequenzen zuzulassen, werden mögliche Valdierungsprinzipien oder -verfahren strukturell immunisiert.

3.2.3 Dekonstruktion

Der personzentrierte Ansatz wird im Folgenden, anhand der im Abschnitt 3.1.3 erläuterten Kriterien an Beispielen dekonstruiert. Die Grundidee liegt dabei nicht im „Destruktivem", sondern im „Dekonstruktivem", das heißt z.B. im Aufspüren von blinden Fleck und nicht reflektieren Grundprinzipien. Anhand der gebotene Kürze kann die Dekonstruktion an dieser Stelle nur verkürzt durchgeführt werden und ist – wie bereits methodisch begründet – aus subjektbezogener Perspektive formuliert.

(1) Dualismen Im personenzentrierten Ansatz lassen sich die Dualismen „*humanistisch* vs. *nicht humanistisch*", „*direktiv* vs. *nicht-direktiv*" und „*Prozess-* vs. *Expertenberatung*" vorfinden. Beim Dualismus zwischen „*humanistisch* vs. *nicht humanistisch*" fällt dabei die starke normative Betonung des humanistischen Ansatzes auf. Ein nicht-humanistisches Menschenbild, im Sinne der Humanismus-Definition des personenzentrierten Ansatzes wird dabei abgewertet, und es wird dabei verkannt, dass diese Haltung nur gegenstandsbezogen zur Aufgabe des Coachings bzw. dessen Ansatz definiert ist. Ein nicht-humanistische Sichtweise würde sich z.B. dann ergeben, wenn die Aussage der Definitionen negiert wird. Nimmt man beispielsweise das dritte Axiom „*Der Mensch lebt bewußt*"und formuliert diesen zum Gegenteil „*Der Mensch lebt nicht bewußt*", so wird relativ schnell klar, dass insbesondere im Coaching diese Differenzierung recht unsinnig ist. Ein Klient nimmt ja eben ein Coching in Anspruch, weil er sich evtl. über etwas bewußt werden will, es aber aus seiner Sicht alleine nicht oder nicht so gut schafft. Bei einer Umdefinition in „*Ein Mensch lebt kontext-, inhalts- und situationsbezogen bewußt und unbewußt*"so würde die Differenzierung die Pole zwischen dem Humanismus und der nicht humanistischen Haltung auflösen. Ein strukturähnliche Kritik lässt sich für die anderen Dualismen formulieren, wobei diese Dualismen in der Praxis schon weniger extrem betrachtet werden.

(2) Dominierende Aspekte Wie bei den Dualismen und der theoretrischen Einführung gezeigt steht die Person als dominierender Aspekt im Mittelpunkt. Diese Dominanz ist bzgl. der Aspekte Situation, Kontext und Inhalt relativ statisch. Es ist zunächst nicht einsichtig, durch welchen Begründungszusammenhang dies gerechtfertigt werden kann. Es lassen sich abstrakt relativ leicht Szenarien im arbeitsweltlichen Bereich konstruieren, bei denen der Mensch nicht die dominate Position innehat. Für dieses Szenario läßt sich für den personenbezogenen Ansatz fragen, ob dies dann innerhalb des Coachings so erkannt werden kann und warum sich der Ansatz auf die personellen Aspekte beschränken muss oder soll.

(3) „Ketzer" Die *ketzer*ische Position wird von KÜHL[22] mit den Schlagworten „Psychiatrisierung", „Personifizierung" und „Personalisierung" pointiert zum Ausdruck gemacht. Auch hier findet sich die unterlagerte Kritik der a priori dogmatischen Personenzentrierheit wieder. Es ist ohnehin erstaunlich zu beobachten, wie viele Akteure und Konzepte aus dem psychatrischen Bereich[23] kommen, bzw. eine hohe Affinität dazu haben. Was wäre, wenn die Protagonisten aus dem Bereich des Marketing oder der Theologie kommen würden?

(4) Blinde Flecken Die starke Fokussierung auf die Person, verhindert oder reduziert zumindest die Wahrnehmung für andere Bereiche. Die blinden Flecken liegen somit (1) der prinzipiell offenen Verbindung Fragestellung und der Person und (2) der Einengung der Lösungspotential auf die Person. Bei der Beantwortung der ersten Frage durch den Personzentrierten Ansatz ist nicht sichergestellt, ob Problemstellungen als Ausgangspunkt für Coaching als solche auch als personzentriert erkannt werden können. Wann würde beispielsweise ein personzentrierter Coach ein Coaching ablehnen bzw. sich für nicht zuständig erklären? Grundsätzlich hängt die Fragestellung ja an der Person bzw. wird durch die Person formuliert, so dass hier Abgrenzungskriterien fehlen bzw. nicht transparent sind. Bei der zweiten Frage bietet der personzentrierte Ansatz nur personelle Lösungsalternativen an. Dies wird durch den Dualismus Experten- und Prozessberatung noch verstärkt und verbaut damit Möglichkeiten Feldkompetenz einzubringen und dies auch konzeptionell zu verankern und überpersonell weiterzuentwickeln.

(5) Genre (Tragödie/Komödie/Roman/Epos) In Analogie zum Plot einer Geschichte, könnte man die Grundstruktur des personzentrierten Ansatzes als Roman mit Happy-End kennzeichnen. Durch die theoretische Ausgangsbasis begründet

---

22 Kühl (2006).

23 Eine Beispiel ist das differentielle Inkongruenzmodell, dass vom (Gesprächstherapeutischen) Psychiater SPEIERER entwickelt wurde und ursprungsmäßig für diesen Einsatzzweck entwickelt wurde.

müssen die Hindernisse nur beseitigt werden, damit der Held bzw. die Heldin zu ihrem Glück kommt. Sind diese Hindernisse zur Selbstaktualisierungstendenz behoben wird - jegliche Coaching-Fragestellung - gelöst sein. Durch diese Festlegung auf ein „Happy-End" besteht die Gefahr durch (zu) positive Grundannahmen die möglichen negativen Aspekte nicht hinreichend zu würdigen. Je nach eingesetzter unterstützender Methode (lösungsorientierung; Wunderfrage usw.) wird dies auch noch kognitiv und emotional verstärkt.

(6) Ausnahmen/Anomalien Mit welchen Anteilen des personenzentrierten Konzeptes können Anomalien oder Ausnahmen erkannt oder zugebilligt werden. Aus dem Konzept heraus lässt sich kein inhaltliche Grenzziehung ableiten. Ein erkennbares Instrumentarium für das Erkennen von Ausnahmen oder Anomalien ist ebenfalls nicht ersichtlich. Die einzige Ausnahmebetrachtung liegt auch hier wieder auf der personellen Ebene. Ist beim Berater die Kongruenz und die unbedingte Wertschätzung nicht möglich, so kann keine personenzentrierte Beratung erfolgen. Hier wäre es interessant strukturell zu prüfen, wann und unter welchen Bedingungen die Kongruenz und unbedingte Wertschätzung leidet und evtl. unterhalb einer notwendigen Grenze fällt. Liegen die Gründe hierfür in der Person (Klient/Berater), in der Situation (z.B. Coaching-Anlass; unfreiwilliges Coaching), in der Methodik (Vorgehensweise und Methodenarsenal des Ansatzes) oder in der Fragestellung (Organisationelle Fragestellungen, Transparenz-Hindernisse, Machtstrukturen, usw.).

(7) „Zwischen den Zeilen" Innerhalb der Beratung schwingt die unterlagerte normative Basis immer latent mit. Die damit verbundene prinzipiel zu teilende Grundhaltung wird implizit vorausgesetzt. Wird diese latente Grundhaltung explizit oder implizit verletzt, so werden entsprechende Maßnahmen eingeleitet. Innerhalb des Ansatzes wird betont, dass der Klient das Wertesystem nicht unmittelbar teilen muss. Bei der Bearbeitung konkreter Fragestellungen (z.B. Entlassungen), die der normativen Basis entgegenlaufen würden, zeigen sich jedoch die miteingebrachten normativen Beschränkungen, die so – die Vermutung – auch das beraterische Verhalten prägen.

(8) „Die (mögliche) andere Geschichte" Die Grundthese des personzentrierten Ansatz, dass das Ergebnis der Beratung vielmehr durch die Qualität der Beziehung, als durch die Methoden bestimmt ist, steht bis dato im Zentrum der Konzeption. Aus der obigen Diskussion hat sich ergeben, dass durch diese Fokussierung eine Reihe von gegenstandsbezogenen Aspekten des arbeitsweltliche Coachings dadurch nicht oder nur stark eingeschränkt den nötigen Raum entwickeln können. Bei einer Ergänzung des Beziehungsaspektes durch eine inhaltlich-strukturelle Komponente würde diese Zentrierung aufgehoben werden. Eine Beratung, die den

Diskurs – ohne Missachtung der Beziehungsqualiät – ermöglicht, öffnet sich für die inhaltlichen Aspekte und gibt ihnen den notwendigen Raum. Diese inhaltlichen Aspekte benötigen jedoch, genauso wie der Beziehungsaspekt eine konzeptionelle Basis, die ihrerseits gleichberechtigt neben dem Paradigma der Beziehungsqualität stehen könnte. Erste Ansätze dieser Öffnung sind bereits in der Übertragung des Inkongruenz-Prinzips auf Organisationen sichtbar[24]. Diese müssen sich jedoch noch von der Lasten und Verhaftungen der ursprünglichen Übertragungsbasis emanzipieren und sich auf eine eigene pradigmatische Basis stellen.

3.3 Analyse/Dekonstruktion des systemischen Ansatzes

3.3.1 Erkenntnis-/wissenschaftstheoretische Kriterien

Epistemlogische Argumentationsbasis Der systemische Ansatz basiert aufgrund der spezfischen Wirklichkeitskonstruktion und dem Konzept der Viabilität über eine **pragmatisch/abduktive** epistemologische Argumentationsbasis. Generell ist hier aber das Konzept des Radikalen Konstruktivismus sehr kritisch zu betrachen, da bei konsequenter Anwendung des Konzeptes überhaupt kein Schlussverfahren oder eine Erkenntnisgewinnung im eigentlichen Sinne möglich wäre. Wenn „*wir unsere Wirklichkeit selbst erfinden*“, so ist in keinerweise sichergestellt, dass das „*wir*“ zu gleichen oder kommunikationsfähigen Ergebnissen kommt, geschweige denn diese auch noch über Kommunikationssystem in irgendeiner Weise vermittelbar macht. Der systemische Ansatz muss somit hinsichtlich seiner Begründungsstruktur auf eine gemäßigte Varianten des Konstruktivismus zurückgehen, oder entsprechende Änderungen zur Auflösung des Dilemmas am Konzept vornehmen. Aufgrund der Betonung der Nützlichkeit und der subjektivistischen Haltung hinsichtlich der Erkenntnisgewinnung ist Einstufung jedoch gerechtfertigt.

Ontologische Position Die ontologische Position des systemischen Ansatzes wird als **konstruktivistisch** eingestuft. Diese Bewertung erfolgt trotz, ernst zunehmender kritischer Einwände[25], die zeigen dass der Konstruktivismus entweder auf einen Minimalrealismus angewiesen ist oder zu einem metaphysischen Konzept wird und sich damit der Diskussion im wissenschaftlichen Sinne entzieht. Ähnlich, wie bei der epistemologischen Position, überwiegend hier aber die Argumen-

---

[24] Siehe Straumann & Zimmermann-Lotz (2006, S. 56–57), bei dem eine Übertragung auf Gruppen- und Teamprozesse formuliert ist.

[25] Vgl. Wendel (1992, S. 323f). Zur ausführlicheren Kritik und Bewertung, siehe Fröhlich (2000, S. 223f).

te hinsichtlich der prinzipielle Subjektbezogenheit und der Gestaltungsaspekte bei der Wirklichkeitskonstruktion.

Linguistische Position Konzeptionell kann die linguistische Position des systemischen Ansatzes klar der Ausprägung **prozess-strukturell** zugeordnet werden. Durch die Struktur und die zentrale Rolle der Kommunikation erhält diese einen stark prozess-strukturellen Charakter. Im Fokuss des Ansatzes steht die Kommunikation und dessen Beobachtung[26] auf mehreren Ebenen. Die Position kann klar abgegrenzt werden zur kommunikativ-strukturellen („Luhmann-Habermas-Kontroverse“[27]) und zur inhaltlich-strukturellen (Anti-Realistische-Haltung[28]) Position.

3.3.2 System- und gegenstandsbedingte Kriterien

Anspruch Dem systemische Ansatz wird in dem Kriterium Anspruch die Ausprägung **Gestalten** zugeordnet. Die Erklärungsposition kann aufgrund der Kritik des Ansatzes an kausalen Ursache-Wirkungsketten nicht eingenommmen werden, obgleich das Gestalten auf Basis eines inhärenten Erklärungsmodells erfolgt, dass aber seinerseits einer der paradigmatischen Grundbasis des Ansatzes zugeordnet wird. Die Position „Verstehen“ist ebenfalls nicht möglich, da auch hier die paradigmatische Grundbasis (siehe z.B.nichttriviale Maschine) dem entgegen wirkt.

Umfang Die Ausrichtung des Ansatzes an der Kommunikation von Systemen ermöglicht hier die Einordnung mit **Person** und mit **Organisation**. Für beide Systeme lassen sich auf Basis des Konzeptes Modelle abgeleiten, die differenziert auf die Betrachtungsebenen ‚Person‘ und ‚Organisation‘[29] bezugnehmen. Das Organisationsverständnis und die sich daraus abgeleiteten operativen Beratungskonzeptionen können in den einzelnen Ausprägungen des Ansatzes – trotz gemeinsamer konzeptioneller Basis – jedoch sehr unterschiedlich sein[30]

---

26 Vgl. Fuchs (2004, S. 11f).

27 Zur kurzen Darstellung der Kontroverse und der unterschiedlichen Positionen siehe Berghaus (2004, S. 20–22).

28 Wenn es keine eindeutige Wirklichkeit gibt, dann können auch keine Inhalte semantisch zweifelsfrei (siehe Beschreibung der inhaltlich-strukturelle Position auf Seite 62) ausgetauscht werden, da die Referenzbezugsgröße fehlt. Dies gilt auch für nicht-empirische Referenzbezugsgrößen, da diese ggfs. wiederum (re-)konstruiert werden müssen.

29 Siehe z.B. Wimmer (2009, S. 213f) und Ameln; Kramer & Stark (2009, S. 97-105). Eine kritische Position nimmt Kühl (2009, S. 121) ein.

30 Siehe hier z.B. die Gegenüberstellung des Ansatzes des Managementzentrums St. Gallen (MZSG) und der neueren Systemtheorie , Mayer (2003, S. 138).

Validitätsprinzipien Der systemische Ansatz wird klar mit der Position **keine/immunisiert**[31] eingeordnet. Im Sinne einer Meta-Theorie werden dabei alle Validierungsansätze aus einer „*höheren*" Perspektive betrachtet, die sich ihrerseits der Logik der Validierung entzieht[32]. Durch das bewußte Einsteuern von Konzepten, wie z.B. Paradoxien, werden Entscheidungen im Sinne des Entweder/Oder vermieden. Diese Grundhaltung, die für das Generieren neuer Alternativen innerhalb des Beratungsprozesses sehr sinnvoll sein, kann ist jedoch nicht zur Validierung des eigenen Ansatzes geeignet. Spätestens beim Übergang von Diagnose zur Aktion/Handlung müssen Entscheidungen[33] getroffen werden, die insbesondere beim Anspruch eines rationalen Handelns auch begründbar sein müssen. Diese vollständog im (unreflektierten) Feld der Paradoxie oder der Intuition zu belassen wird als sehr kritisch eingestuft, da auf dieser Basis eine Entwicklung und eine gemeinsame Sichtweise nicht wirklich möglich ist.

3.3.3 Dekonstruktion

(1) Dualismen Der systemische Ansatz und deren Vertreten nutzen Dualismen ganz bewußt zur Abgrenzung von anderen Beratungsansätzen und Konzeptionen. Einige der wesenlichen Dualismen sind das „*mechanistische*" vs. das „*systemisch-evolutionäre*" Weltbild, die „*lineare*" vs. die „*rekursive*" bzw. „*zirkuläre*" Kausalität, die „*Maschinen-*" vs. die „*Organismus-*" Analogie und die „*Eindeutigkeit*" vs. die „*Mehrdeutigkeit*"[34]. Die unterschiedliche Betrachtungsweise hinsichtlich möglichen Ursachen-Wirkung-Kausalketten ist dabei eines der unterlagerten Themen. Der einfachen, d.h. linearen, vorhersehbaren Betrachtungsweise, mittels klarer Ursachen-Wirkungsketten, wird die (komplexe) systemische Betrachtungsweise gegenübergestellt. Aus dieser Sichtweise lassen sich Zusammenhänge nur als zirkuläre, selbstbezügliche Ursachen-Wirkungsbeziehungen formulieren. Dem beherrschbaren mechanistischen Bild wird ein Bild des Organismus gegenübergestellt. Dieser Organismus, so die Theoriebegründung, kann nur irritiert und nicht im Sinne der instruktiven Interaktion beeinflußt werden. Betrachtet man diese Argumentation kritisch, so stellt sich die Frage nach welchem Rationalitätsprinzip

31 Zur den Immunisierung der Systemtheorie am Beispiel des strategischen Managements siehe Bitsch (2007, S. 194).

32 Kühl (2009, S. 121), den in Immunisierung der systemischen Beratung gegen Erfolg und Misserfolg einen blinden Fleck im systemischen Ansatz sieht.

33 Weber (1998, S. 94f) unterscheidet bei der Willensbildung in die Arten „*Reflexion*" und „*Intuition*", wobei Reitmeyer (2000, S. 178–181) in einer empirischen Untersuchung zeigt, dass je nach Art der Wissensbeschränkung ein unterschiedlicher Anteil beider Arten zu qualitativ besseren Ergebnissen führt.

34 Siehe hierzu u.a. bei Exner; Königswieser & Titscher (1987, S. 280–283).

der systemische Ansatz agiert. Das Konzept die Viabilität ist dabei, wie bereits erwähnt, kritisch zu betrachten, da hier die Nützlichkeit wiederum subjektbezogen definiert wird und auch diese Nützlichkeit sich letztlich rationaler Prinzipien unterziehen muss, soweit sich diese dem beliebigen Relativismus entziehen will. Als weiterer Punkt ist das überzeichnete meachan(ist)ische Weltbild kritisch zu betrachten. Insbesondere in der Quantenmechanik, die sehr wohl Mechanik in ihrem Name trägt und aus dem naturwissenschaftlichen Bereich der Physik stammt, ist weder der Begriff Kausalität noch der Determinismus in diesem einfachen Sinne definiert[35]. Übertragene Konzepte wie die Komplementarität von BOHR, die auf den Gegenstandsbereichs Coaching/Psychotherapie übertragen wurden (z.B. der Ansatz von WALACH[36]), werden durch die duale Betrachtungsweise ausgeblendet. Neben dieser inhaltlich problematischen Abgrenzung ist ebenfalls kritisch zu hinterfragen, ob die angegebenen Prinzipien und Konzept über alle Phase und Gegendstandsbereiche des Coachings stabil sind. Mehrdeutigkeit und Paradoxien können festgefahrene Wege wieder lösen und neue Sichtweise ermöglichen (z.B. Tetralemma). Der Mehrdeutigkeit bei der Willensfindung und Willensbildung steht jedoch die Mehrdeutig bei der Willensdurchsetzung eher kontraproduktiv gegenüber. Auch der konzeptionelle Verweis, dass der systemische Ansatz den Entwicklungsprozess nur begleitet und nicht im Sinne einer Expertenberatung Ratschlag gibt, stellt den Berater nicht von seiner (Mit-)Verantwortung für die Lösung frei. Auch die Irritation des Systems (durch den Berater) ist normativ zu berücksichtigen und dem sollte im Sinne eines umfassenden Konzeptes auch entsprechend Sorge getragen werden.

(2) Dominierende Aspekte Der dominierende Aspekt im systemischen Ansatz ist die Kommununikation. Der Ansatz folgt damit einem prozessorientierten Grundverständnis. Durch den Dominanz des Prozesses und der Kommunikation besteht die Gefahr substanz-ontologische orientierte Aspekte zu vernachlässigen. Lässt sich auch im Bezug auf die arbeitsweltliche Fragestellung, alles relevante nur durch den Prozess definieren oder wird auch gegenstandsbezogenes Wissen benötigt. Die spezifischen Ausprägungen systemischer Ansätze zeigen aber, dass diese konzeptionelle Leerstelle sehr unterschiedlich gefüllt wird.

(3) „Ketzer“ Die Position des Ketzers wird häufig methodisch bewußt von den Vertretern des systemischen Ansatzes eingenommen[37]. Dies führt zu einer Immu-

---

35 Zur einfachen Einführung siehe Scheibe (2006, S. 207–239).

36 Vgl. Walach (2009, S. 324–334).

37 Dies macht sich schon an den Buchtiteln (z.B. „Gemeinsam sind wir blöd!? die Intelligenz von Unternehmen, Managern und Märkten“ von Fritz B. SIMON oder „Nie wieder Vernunft“ von Dirk BAECKER.) einiger prominenter Vertreter des systemischen Ansatzes bemerkbar.

nisierung der Ketzerposition des eigenen Ansatzes. Die Ketzer der Ketzer sind somit die Tradionalisten, die eben durch die eigene Ketzer-Position als solche erkannt bzw. entlarvt werden sollen.

(4) Blinde Flecken Als blinde Flecke des systemischen Ansatzes führt *Kühl*[38] Macht, Organisation und Misserfolge auf. Der Einschätzung KÜHLS wird dabei in den Punkten Macht und Misserfolgen gefolgt. Hinsichtlich der Organisation legt der Ansatz aber konzeptionelle Strukturen vor, denen zwar nicht inhaltlich gefolgt werden muss, die aber darauf hindeuten, dass hier zumindest kein blinder Fleck vorliegt. Generell versucht der Ansatz methodisch Möglichkeiten (i.d.R. über Beobachtungsstrukturen n-ter Ordnung) anzubieten, anhand derer blinde Flecke erkannt bzw. bewußt werden, obgleich damit auch systemimmanent blinde Flecke erzeugt werden. Was ist relevant[39] und lässt sich nicht (nur) über subjektbezogene Beobachtung erfahren? Mit welchem Auftrag bzw. unter welcher Brille erfolgt die Beobachtung und wie wurde diese Reflektiert? Dies sind Fragen, die in der Regel durch den Systemischen Ansatz nicht betrachtet werden.

(5) Genre (Tragödie/Komödie/Roman) Der Ansatz wird in dieser Analogie klar dem Genre „Komödie" zugeordnet. SCHWERTL[40], beschreibt die Rolle des Coaches als „Mountain-Guide und Hofnarr", wobei sich der Coach systemischer Richtung sicher eher auf der Position des Hofnarr wohl fühlt. Dies rührt zum einen an der inhaltlichen Verantwortung und zum anderen an den daran gebundenen Kommunikationsstrukturen (direktiv/non-direktiv). Innerhalb dieser Komödie ist das Ende auch offen entweder wird es zur Tragik-Komödie oder es gibt eben doch ein Happy-End.

(6) Ausnahmen/Anomalien Wo sieht der systemische Ansatz aus sich heraus Grenzen und wie können Anomalien erkannt werden? Diese Fragestellung führt zur paradigmatischen Basis des systemischen Ansatzes. Ist es ein Modell der Wirklichkeit, dass über Kommunikation die Kopplung erfolgt oder ist es eine realistische Position, die besagt, dass sie Wirklichkeitskonstruktionen über kommunikation und selbstreferenzielle Bezugsstrukturen geschaffen werden. Je nach dem, wie man sich in dieser Frage entscheidet, ergeben sich unterschiedliche Konsequenzen. Falls wir systemisches Denken und den Ansatz als Modell auffassen (rational-konstruktivistisch), dann ist die Modellbildung immer eine Abstraktion und eine Vereinfachung der Wirklichkeit. Dieses weitergedacht würde dies aber

38 Vgl. Kühl (2009, S. 120–121).

39 Relevant im Bezug auf die gegenstandbezogene Zielsetzung des Coachings und jenseits der subjektiv kommunikativen Wertung einzelner Akteuere.

40 Schwertl (2009).

bedeuten, dass der systemische Ansatz auch (relevante) Aspekte der Wirklichkeit ausschließt, die definitionsgemäß nicht im Ansatz vorkommen. Somit muss es Anomalien geben, die das die Vereinfachung bzw. Abstraktion aber nicht reflektiert ist als solche auch nicht erkannt werden können. Geht man davon aus, dass der systemische Ansatz ein Abbild der Wirklichkeit und sei es der konstruierten Wirklichkeit ist (empirisch-konstruktivistisch), so gesteht man einen Minimal-Realistische Position ein. Dieser minimal-realistische Position würde ihrerseits aber bedeuten, dass sich gewisse Aspekte der Konstruktion entziehen (z.B. die Konstruktionsprinzien selbst) und diese dann selbst im Sinne einer Wahr/Falsch-Entscheidung klar verortbar sind. Ein Ausweg würde dann nur noch im Einsatz mehrwertiger Logiken[41] bestehen, dies erscheint aber in Anbetracht der Übertragungsprobleme, die z.B. das Konzept von SPENCER-BROWN in angewandte Bereiche erzeugt hat als nicht sehr realistisch.

(7) „Zwischen den Zeilen“ Den Raum zwischen den Zeilen im systemischen Ansatz zu finden ist in einer gewissen Weise von besonderen Schwierigkeiten geprägt. Zum einen bringt das Konzept mit der elementaren Wichtigkeit von Unterscheidung eine vermeintliche Trennschärfe mit und zum anderen wird über Immunisierungsstragien und die Prozessorientierung eine De-Ontologisierung betrieben, die letztlich den Zwischenraum, insofern er den bestehen sollte, als nicht existent einordnet, das er sich zwischen zwei Bezeichnungen befinden müsste, die jedoch nicht beobachtet werden. Ungeachtet dessen finden sich insbesondere in der Auseinandersetzung mit anderen Konzepten sehr wohl Ansätze das Feld zu ergründen. In den argumentationen schwingt immer ein gewisser Phatos des Neuen, des Innovativen und Evolutionären mit. Ohne in die Schussline zwischen naturwissenschaftlichen und geisteswissenschaftlichen Spannungsfeld zu begeben, versucht sich der systemische Ansatz als innovative Bewegung ohne des Zwang zur Festlegung. Ambivalenzen werden bewußt strukturerhaltend aufgebaut um inhaltsoffen bleiben zu können. Die Strategie ist geprägt von einer taktischen Schlauheit – im Sinne der Verhinderung möglicher Validierungs- oder Falsifizierungsansätze, bringt aber in Folge auch die Gefahr mit sich, den eigentlichen Anspruch auf Innovation bzw. Neuerung zu verlieren, da eine Innovation ja nur auf Grundlage einer Bewertung und sich daraus ableitenden Entscheidungen möglich ist.

(8) „Die (mögliche) andere Geschichte“ Ähnlich wie beim personzentrierten Ansatz dominiert beim systemischen Ansatz ein Aspekt sehr inhalts-, kontext- und situationsstabil. Die ausschließliche Konzentration auf Kommunikation, Beobachtung und Prozess. Eine funktionale Differenzierung hinsichtlich gegenstandsbezo-

---

41 Ansätze zur mehrwertigen Logik siehe z.B. bei Günther (1991).

gener Aspekte ist zumindest aus der geschilderten Perspektive nicht auszumachen. Das Tor in Richtung ‚Inhalte' scheint durch die implizite Wertfreiheit des Ansatzes und durch die fehlende Bereitschaft zur konzeptionellen(!) funktionalen Differenzierung verbaut zu sein. Nimmt man jedoch *Luhmann* als Referenz, dem eine Differenzierung in Funktionsbereiche bzw. Funktionssyssteme[42] geglückt ist, so zeigt sich sehr wohl, dass auf einer allgemeinen theoretischen systemorientierten Grundbasis eine Differenzierung zu Inhalten möglich und sinnvoll ist. Einzelne Ansätze, wie z.B. die „systemische Wirtschaftstheorie"[43] von SIMON oder der Schwenk zur „Komplementärberatung" von KÖNIGSWIESER[44], die versuchen die Grenze zur überschreiten sind bereits gestartet, es bleibt jedoch abzuwarten, ob die Einzelvorstöße auch eine Chance haben sich in ausreichendem Umfang zu verbreiten und zu entwickeln.

---

42 Vgl. Berghaus (2004, S. 18–19).

43 Simon (2009).

44 Königswieser & Exner (2008). Siehe auch Strikker & Strikker (2009).

4 Fit der wissenschaftstheoretischen Ansätze zu den Coaching-Ansätzen

Nach der Analyse erfolgt nun die Prüfung einer möglichen Zuordnung zwischen den wissenschaftstheoretischen Ansätzen und den Coaching-Ansätzen. Die Beurteilung der Kompatibilität erfolgt anhand der erkenntnis-/wissenschaftstheoretischen Kritrien, wobei die Gegenüberstellung der Positionen als Ausgangsbasis der Einschätzung verwendet werden und nicht im Sinne einer 1:1 Übereinstimmung oder Passung. Für die fünf untersuchten Ansätze werden in der Tabelle 4.1 nach den obigen Herleitungen die folgenden Ausprägungen zugrundegelegt.

Tab. 4.1. Einordnung der wissenschaftstheoretischen Ansätze (Quelle: Eigene Darstellung).

	Epistemologische Argumentationsbasis	**Ontologische Haltung**	**Linguistische Position**
Kritischer Rationalismus	unbestimmt (Theorieentwicklung) empirisch/induktiv (Theorieprüfung)	kritischer Realisimus	inhaltlich-strukturell
Forschungs-programme	unbestimmt (Theorieentwicklung) empirisch/induktiv (Theorieprüfung)	kritischer Realisimus	inhaltlich-strukturell
Theorien als Strukturen	unbestimmt	unbestimmt	kommunikativ-strukturell
Konstruktivismus	pragmatisch/abduktiv	konstruktivistisch	prozess-strukturell
Kritische Theorie	rational/deduktiv	konstruktivistisch	kommunikativ-strukturell

Aus der Tabelle wird ersichtlich, dass sich der Kritische Rationalismus von den Forschungsprogrammen nach LAKATOS auf dieser hohen Abstraktionsstufe nicht unterscheidet. Ein wesentlicher Unterschied zwischen den beiden Ansätzen liegt aber in der Konsequenz der Falsifikation und den Gegenstandsbereichen der Falsifikation. Der Einfacheit halber wurden die Konstruktivistischen Ansätze unter dem Schlagwort „*Kontruktivismus*" zusammengefasst. Gleiches gilt für die dialektisch-diskursive Ansätzen, die hier unter dem Überbegriff „*Kritische Theorie*" gemeinsam betrachet werden.

4.1 Personzentrierter Ansatz

4.1.1 Personzentrierter Ansatz und Kritischer Rationalismus

Obgleich die beiden Ansätze, wie in der nachfolgenden Tabelle 4.2 ersichtlich, in allen Punkten der Einschätzung differieren, lassen sich Begründungszusammenhänge finden. Nimmt man die Untersuchungen von ROGERS als Ausgangsbasis, so kann dies einfach anhand der Methodik des kritischen Rationalismus rekonstriert werden. Ausgangspunkt war das ‚praktische' Problem, der Beratungsqualität und auf Basis einer Vermutung wurde dann empirisch/induktiv nachgewiesen, dass zwischen Beziehungsqualität und Beratungsqualität eine ausreichende Ursache-Wirkungskausalität besteht. Eine Begründung und Weiterentwicklung des personzentrierten Ansatzes auf Basis des Kritischen Rationalismus wird jedoch als nicht sinnvoll angesehen bzw. eingestuft, da der personzentrierte Ansatz dieses Erklärungsmodell zwar als Ausgangsbasis nimmt, aber weder zur Falsifikation der Basis im Sinne einer evolutionären Entwicklung noch zur inhaltlich-konzeptionellen Erweiterung bereit ist. Versuche mittels empirischer Untersuchung Erweiterungen oder Prüfungen vorzunehmen führen eher zum Vorwurf des Szientismus[1] als zum Anstoß der Fundierung.

4.1.2 Personzentrierter Ansatz und Forschungsprogramme

Die Einordnung der Forschungsprogramme unterscheidet sich von dem des kritischen Rationalismus auf hoher Abstraktionsebene nicht (siehe Tabelle 4.3). Dennoch ist im Bezug zur Theorieprüfung eine wesentliche Unterscheidung gegeben. Bei den Forschungsprogrammen kann durch den harten Kern, der durch die negativ Heuristik geschützt ist, die normative Basis des personzentrierten Ansatzes in ausreichendem Maße berücksichtigt werden. Durch den Schutzgürten mit der positiven Heuristik besteht aber die Möglichkeit fortschrittsfähige Theorieentwicklungen einer empirischen Prüfung zu unterziehen. Durch diese Teilung des

1 Vgl. Richter (2005, S. 253f).

Tab. 4.2. Fit Personzentrierter Ansatz – Krititscher Rationalismus (Quelle: Eigene Darstellung).

	Personzentrierter Ansatz	**Kritischer Rationalismus**
Epistemologische Argumentationsbasis	pragmatisch-abduktiv (Erkenntnisgewinnung) rational-deduktiv (Argumentationsbasis)	unbestimmt (Theorieentwicklung) empirisch/induktiv (Theorieprüfung)
Ontologische Haltung	konstruktivistisch	kritischer Realisimus
Linguisitische Position	prozess-strukturell	inhaltlich-strukturell

Ansatzes kann eine kompatible epistemologische Position zwischen dem personzentrierten Ansatz und den Forschungsprogrammen geschaffen werden, wobei die Unterschiede in der ontologischen Haltung und der linguistischen Position noch aufzuarbeiten sind. Teilt man hier die zunächst konstruktivistische Position in eine minimal-realistische Position für die Erkenntnisgewinnung (wie funktioniert der Beratungsansatz und welche Prinzipien werden verwendet) und eine konstruktivistische Position für den inhaltlichen Gegenstandsbereichs des Coachings (was wird im Coaching behandelt und wie wird es vom Klientnen gesehen) auf, so ist eine kompatible Sichtweise möglich. Gleiches gilt strukturgleich für die linguistische Position.

Tab. 4.3. Fit Personzentrierter Ansatz – Forschungsprogramme (Quelle: Eigene Darstellung).

	Personzentrierter Ansatz	**Forschungsprogramme**
Epistemologische Argumentationsbasis	pragmatisch-abduktiv (Erkenntnisgewinnung) rational-deduktiv (Argumentationsbasis)	unbestimmt (Theorieentwicklung) empirisch/induktiv (Theorieprüfung)
Ontologische Haltung	konstruktivistisch	kritischer Realisimus
Linguisitische Position	prozess-strukturell	inhaltlich-strukturell

4.1.3 Personzentrierter Ansatz und Theorien als Strukturen

Die Diskussion einer Fundierung des personzentrierten Ansatz auf strukturtheoretischer Basis ist relativ schwierig, da sich die wissenschaftstheoretische Position des Strukturansatzes auf zwei wesentlichen Positionen unbestimmt ist (siehe Tabelle 4.4). Professionssoziologisch lässt sich die bisherige Entwicklung des Ansatzes zwar nach KUHN bis zur Theorieentwicklungsphase nachkonstruieren, jedoch ist für die Fortschrittsentwicklung nicht ersichtlich wie Anomalien bzw. Ausnahmen[2] zum „Zusammenbruch" des bisherigen Theoriekonstruktes führen können. Jegliche Annomalie bzw. Ausnahme kann unter beibehaltung der normativen Basis des Ansatzes durch die konstruktivistische Sichtweise immunisiert werden. Eine Krise, die die normative Basis des Ansatzes erreicht ist, zumindest aus akuteller Sichtweise, nicht sinnvoll konstruierbar[3]. Die Fundierung des personzentrierten Ansaztes durch „Theorie als Strukturen" wird als nicht geeignet eingestuft.

Tab. 4.4. Fit Personzentrierter Ansatz – Theorien als Strukturen (Quelle: Eigene Darstellung).

	Personzentrierter Ansatz	**Theorien als Strukturen**
Epistemologische Argumentationsbasis	pragmatisch-abduktiv (Erkenntnisgewinnung) rational-deduktiv (Argumentationsbasis)	unbestimmt
Ontologische Haltung	konstruktivistisch	unbestimmt
Linguisitische Position	prozess-strukturell	kommunikativ-strukturell

4.1.4 Personzentrierter Ansatz und Konstruktivisimus

Interessanterweise passen die grundsätzlichen Einstufung des personzentrierten Ansatzes relativ gut zueinander (siehe Tabelle 4.5).

Aufgrund der unterschiedlichen Positionen hinsichtlich der Einstufung von Werturteilen auf methodischer und inhaltlicher Ebene wird die Kombination als kritisch eingestuft. Die beiden Ansätze haben zwar grundsätzlich gleich Positionsstrukturen, verwenden diese jedoch von einer komplett anderen Basis. Da aber

2 Zur Diskussion siehe Seite 70.

3 Zur Theoriedynamik, siehe vertiefend bei Stegmüller (1973b, S. 153f).

Tab. 4.5. Fit Personzentrierter Ansatz – Konstruktivismus (Quelle: Eigene Darstellung).

	Personzentrierter Ansatz	Konstruktivismus
Epistemologische Argumentationsbasis	pragmatisch-abduktiv (Erkenntnisgewinnung) rational-deduktiv (Argumentationsbasis)	pragmatisch-abduktiv
Ontologische Haltung	konstruktivistisch	konstruktivistisch
Linguisitische Position	prozess-strukturell	prozess-strukturell

beide Basen strukturell konsitituiv sind, wird diese Kombination als nicht geeignet bewertet.

4.1.5 Personzentrierter Ansatz und Kritische Theorie

Im Falle des Kombination des personzentrierten Ansatzes und der kritischen Theorie lässt sich eine hohe Übereinstimmung feststellen (siehe Tabelle 4.6). Diese bezieht sich nicht nur auf die direkten Bewertungen, sondern auch auf die inhaltlichen Grundpositionen. Größere Passungsprobleme ergeben sich nur in der linguistischen Position. Die Einstufung des personzentrierten Ansatz mit *prozess-strukturell* steht der Bewertung *kommunikativ-strukturell* für die kritisch-dialektische wissenschaftstheoretische Position gegenüber. Die feine Differenz liegt hier im Verstehensbegriff bzw. im Verstehensverständnis der beiden Positionen. Im personzentrierten Ansatzes ist es bis dato nur notwendig, dass der Klient in seiner Person beziehungsmäßig über die Wertschätzung verstanden wird. Bei den kritisch-dialektischen Ansätzen geht hingegen man aber von einer strukturellen und inhaltlichen Kopplung aus. Der Schritt vom strukturellen zum inhaltlichen Verständnis erscheint indies nicht recht gross zu sein. Die radikal personzentrierte Position kann bei einer Fundierung auf kritisch/dialektischer Basis relativ einfach auf ein gemeinsames Verstehensverständnis erweitert werden. Die Fundierung des personzentrierten Ansatzes auf wissenschaftstheoretisch kritisch/dialektischer Basis wird somit als geeignet eingestuft.

Tab. 4.6. Fit Personzentrierter Ansatz – Kritische Theorie (Quelle: Eigene Darstellung).

	Personzentrierter Ansatz	**Kritische Theorie**
Epistemologische Argumentationsbasis	pragmatisch-abduktiv (Erkenntnisgewinnung) rational-deduktiv (Argumentationsbasis)	rational-deduktiv
Ontologische Haltung	konstruktivistisch	konstruktivistisch
Linguisitische Position	prozess-strukturell	kommunikativ-strukturell

4.2 Systemischer Ansatz

4.2.1 Systemischer Ansatz und Kritischer Rationalismus

Der systemische Ansatz und der kritische Rationalismus differenzieren sich extrem in der ontologischen Position (siehe Tabelle 4.11). Die sich daraus ergebenden Konsequenzen lassen eine Fundierung des systemischen Ansatzes auf Basis des kritischen Rationalismus nicht zu. Auf der methodischen Ebenen zeigen die beiden Ansätze jedoch hohe Strukturähnlichkeiten. Die systemische Schleife (siehe 50) ist auf abstrakter Ebene dem dreistufigen Problemschema[4] bzw. dem vierstufigen Schema[5] der Wissenschaftstheorie nach Popper sehr vergleichbar. Ohne eine gemeinsame Bezugsgröße, die entweder dadurch erreicht werden kann, dass der systemischen Ansatz eine Minimal-Realistische Position einnimmt oder der Kritische Rationalismus den Realistischen Standpunkt aufgibt, ist jedoch die Kombination nicht tragfähig. Dies wird doch von Vertretern beider Positionen nicht angestrebt, es ist umgekehrt eher so, dass die jeweiligen Vertreter des Ansatzes das Gegenüber zur Abgrenzung verwenden[6].

4.2.2 Systemischer Ansatz und Forschungsprogramme

Die Kombination zwischen Systemischen Ansatz und den Forschungsprogramme wird im wesentlichen gleich eingeschätzt wie die Kombination zwischen Systemischem Ansatz und dem Kritischen Rationalismus (siehe Tabelle 4.8). Auch

---

4 siehe Seite 36.

5 siehe Seite 37.

6 Zu den einzelnen Positionen siehe z.B. Hanisch (2009, S. 14–16).

Tab. 4.7. Fit Systemischer Ansatz- Krititscher Rationalismus (Quelle: Eigene Darstellung).

	Systemischer Ansatz	Kritischer Rationalismus
Epistemologische Argumentationsbasis	pragmatisch-abduktiv	unbestimmt (Theorieentwicklung) empirisch/induktiv (Theorieprüfung)
Ontologische Haltung	konstruktivistisch	kritischer Realisimus
Linguisitische Position	prozess-strukturell	inhaltlich-strukturell

die Aufweichung der strengen Falsifikationsmethode und des kumulativen Fortschrittsparadigma durch die Forschungsprogramme ist nicht ausreichend um die grundsätzliche Differenz zwischen den Ansätzen hinreichend zu verringern. Die Kombination wird somit ebenfalls als nicht geeignet eingestuft.

Tab. 4.8. Fit Systemischer Ansatz – Forschungsprogramme (Quelle: Eigene Darstellung).

	Systemischer Ansatz	Forschungsprogramme
Epistemologische Argumentationsbasis	pragmatisch-abduktiv	unbestimmt (Theorieentwicklung) empirisch/induktiv (Theorieprüfung)
Ontologische Haltung	konstruktivistisch	kritischer Realisimus
Linguisitische Position	prozess-strukturell	inhaltlich-strukturell

4.2.3 Systemischer Ansatz und Theorien als Strukturen

Die Kombination zwischen strukturorientierten wissenschaftstheoretischen Ansätzen und dem systemischen Ansatz ist aufgrund der unbestimmten Positionen (siehe Tabelle 4.10) grundsätzlich vorstellbar.

Annomalien und Ausnahmen, die zu einem Wechsel führen lassen sich in der Entwicklung des systemischen Ansatzes ebenfalls beobachten. Zum einen findet

Tab. 4.9. Fit Systemischer Ansatz – Theorien als Strukturen (Quelle: Eigene Darstellung).

	Systemischer Ansatz	Theorien als Strukturen
Epistemologische Argumentationsbasis	pragmatisch-abduktiv	unbestimmt
Ontologische Haltung	konstruktivistisch	unbestimmt
Linguisitische Position	prozess-strukturell	kommunikativ-strukturell

eine Ausweitung des Gegenstandsbereichs statt (Person → Organisation → Wirtschaftstheorie (?)[7] und zum anderen wird der Ansatz inhaltlich modifiziert (z.B. Komplementärberatung[8]). Aufgrund welcher Annomalien oder Ausnahmen sich die Modifikationen ausgelöst haben, lässt sich nicht beobachten. Die inhaltliche Diskussion orientiert sich derzeit mehr an Marketing- und Verkaufsinteressen, den an der theoretischen Fundierung. Hierbei ist es nicht förderlich, dass quasi bei den kompletten Protagonisten des Ansatzes – zumindest im deutschsprachigen Raum – ein Interessenkonflikt hinsichtlich theoretischer Weiterentwicklung und den eigenen kommerziellen Interessen[9] besteht bzw bestehen kann, falls Theorientwicklung ein Interesse ist. Eine mögliche Fundierung über abstraktere Theoriekonzeptionen, wie z.B. über strukturalistische Theorienkonzept[10] beziehungsweise synonym des „non statement view“ erscheint in Anbetracht der bisher verwendeten sehr theorielastigen Formenkalküls von SPENCER-BROWN als ebenfalls möglich. Ungeachtet der oben erwähnten operativen Schwierigkeiten wird die Kombination Systemischer Ansatz und Theorien als Strukturen als geeignet eingestuft.

4.2.4 Systemischer Ansatz und Konstruktivisimus

Die Ausprägungen des systemischen Ansatzen und des Konstruktivismus passen sehr gut zueinander (siehe Tabelle 4.10).

Der systemische Ansatz sieht ohnehin im Konstruktivismus die entscheidende Begründstheorie für das eigene Handeln. Auch die bisherigen Ausführung haben

7 Siehe hierzu die Ausführungen zur „*(Möglichen) anderen Geschichte*“ (Seite 76).

8 Siehe Königswieser & Exner (2008); Strikker & Strikker (2009) und Wimmer (2009, S. 227).

9 Dies ist die Einschätzung des Autors, die sich an der Frage „*Wieviel Akteure haben kein Beratungsunternehmen bzw. relevante Einnahmen über Beratungsdienstleistungen?*“beantworten liese. Hier liegen aber, zumindest nach Kenntnis des Autors, noch keine Untersuchungen vor.

10 Siehe zur kurzen Einführung Zelewski (2007, S. 452–458), ausführlicher bei Stegmüller (1973a, S. 153ff).

Tab. 4.10. Fit Systemischer Ansatz – Konstruktivismus (Quelle: Eigene Darstellung).

	Systemischer Ansatz	**Konstruktivismus**
Epistemologische Argumentationsbasis	pragmatisch-abduktiv	pragmatisch-abduktiv
Ontologische Haltung	konstruktivistisch	konstruktivistisch
Linguisitische Position	prozess-strukturell	prozess-strukturell

gezeigt, dass hier sowohl eine hohe inhaltliche, wie auch eine hohe strukturelle Übereinstimmung zu finden ist. Die Begründung des systemischen Ansatzes durch den Konstruktivismus wird somit als geeignet bzw. präferiert eingestuft.

4.2.5 Systemischer Ansatz und Kritische Theorie

Die Kombination zwischen kritisch/dialektischen wissenschaftstheoretischer Begründung und systemischer Ansatz, erscheint durch die Differenz in der Epistemologischen Argumentationsbasis und in der linguistischen Position auf den ersten Blick als wenig kompatibel (siehe Tabelle 4.11).

Tab. 4.11. Fit Systemischer Ansatz – Kritische Theorie (Quelle: Eigene Darstellung).

	Systemischer Ansatz	**Kritische Theorie**
Epistemologische Argumentationsbasis	pragmatisch-abduktiv	rational-deduktiv
Ontologische Haltung	konstruktivistisch	konstruktivistisch
Linguisitische Position	prozess-strukturell	kommunikativ-strukturell

Bei genauerer Betrachtungsweise lässt sich jedoch eine Kombination durchaus denken. Die rational-deduktiv Argumentationsbasis der kritischen Ansätze bezieht sich auf den Theoriebegründungskern, wohingegen die epistemische Position des systemischen Ansatzes sich primär aus der Theorieanwendung ergibt. Findet man hier einen Konsens, im Sinne einer rational-deduktiven Begründungsbasis und einer pragmatisch-abduktiven Gestaltungs- und Verstehensbasis, so scheint eine Kombination möglich. Etwas schwieriger ist die Auflösung der Differenzen in der linguistischen Position. Bei radikal konsequenter Anwendung der bisherigen Theoriebasis systemischer Ansätze ist ein Verständnis im eigentlichen Sinne nicht möglich. Betrachtet man aber die operative Anwendung der Konzeptionen so ist die Differenz zwischen Systemischer Schleife und hermeneutischem Zirkel nicht mehr so groß. Fundamental ist dabei der Deutungsunterschied, d.h. die Bewertung der Abweichung und die daraus resultierende Änderung beim Neueinstieg in die zirkuläre Beziehung. Geht man hier von einer Iteration an einen (ontologischen) Wesenskern aus oder von einer Annährung im Sinne der Problemlösung unter dem Gesichtspunkt der Viabilität. Ansätze aus der Nachbardisziplin Supervision zeigen, dass hier eine Integration durchaus möglich ist[11] Eine wissenschaftstheoretische Fundierung des systemischen Ansatzes auf einer kritisch/dialektischen Basis wird somit als geeignet eingestuft.

4.3 Zwischenfazit

Resümierend kann somit festgehalten werden, dass nach der obigen Analyse eine Fundierung des **personzentrierten Ansatz** auf Basis

- der Forschungsprogramme oder
- der kritischen Theorie

als geeignet eingestuft wurde.

Für den **systemischen Ansatz** wurden als mögliche Fundierungsansätze

- der Konstruktivismus oder
- die strukturtheoretische Ansätze oder
- die kritischen Theorie

emittelt.

Überraschenderweise ist mit den „Forschungsprogrammen" auch eine Begründungstheorie aus dem eher naturwissenschaftlichen Bereich möglich. Diese soll im Folgenden für eine wissenschaftstheoretische Begründung herangezogen werden und in in einem ersten Ansatz prototypisch ausgearbeitet werden.

11 Vgl. Petzold (2007, S. 89f).

5 Exemplarische Konstruktion einer Wissenschaftstheoretischen Begründung

Die prototypische Entwickung der wissenschaftstheoretische Begründung auf Basis der Forschungsprogramme von LAKATOS erfolgt in drei Schritten. Zunächst wird im ersten Schritt die Grundkonzeption erläutert und anschließend werden die einzelnen Konzeptionselement im zweiten Schritt dem „harten" Kern und im dritten Schritt dem Schutzgürtel zugeordnet. Abschließend erfolgen noch einige Bemerkungen zur Methodenfrage.

5.1 Grundkonzeption

Die Grundkonzeption wird unterteilt in die Aspekte

- Deutungsschema,
- Setting,
- Prozess und
- Ebene

im Folgenden darstellt.

5.1.1 Deutungsschema

Als Deutungschema wird dem Ansatz das, in Abbildung 5.1 dargestellte, unbedingte[1] Phasenmodell zugrundegelegt.

[1] Mit unbedingt ist hier gemeint, dass der Ablauf immer in der vorgegebenen Sequenz druchlaufen wird. Die in der Graphik dargestellen Exit-Optionen, dienen nur zum besseren Verständnis. Da in der Phasen „Entscheiden", die Ausprägung ‚*Nicht-Entscheiden*' bzw. ‚*Warten*' und für die Phase „Handeln" die Ausprägung ‚*Nichts tun*' ebenfalls zulässig sind.

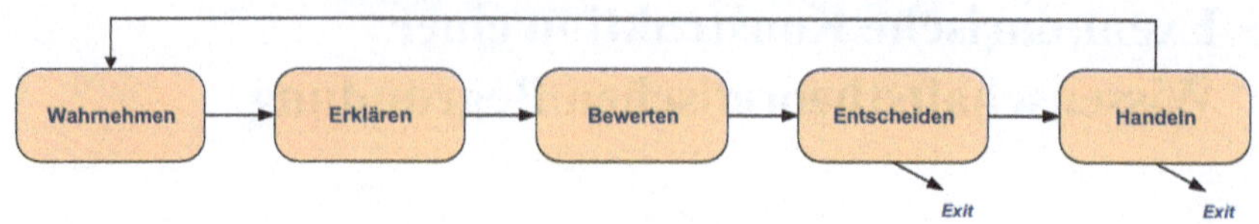

Abb. 5.1. Deutungsschema (Quelle: Eigene Darstellung)

Die einzelnen Phasen werden nachfolgend kurz skizziert

Wahrnehmung Diese Phase erfasst die sinnlich-phänomenale Ebene. Es sind hier explizit generell alle Sinne eingeschlossen, wobei der Schwerpunkt sicherlich auf dem Hören und dem Sehen liegt.

Erklärung Aufbauend auf der sinnlichen Erfahrung erfolgt einer Erklärung. Die Erfahrung werden geordnet und es wird eine - teilweise auch implizite - Kausalbeziehung konstruiert. Im Mittelpunkt die Rekonstruktion steht die Frage „*Wie lassen sich die gemachten Erfahrungen erklären?*".

Bewertung Auf der Bewertungsebene erfolgt dann die normative Beurteilung der Erklärung. Dabei kann die normative Basis, je nach Kontext, aus der eigenen normativen Grundhaltung abgeleitet werden oder in Hinblick auf eine externe Zielsetzung vorgenommem werden.

Entscheidung In der Entscheidungsphase der Bezug zum eigenen „Ich" vorgenommen. Ergibt sich für das eigene Ich eine Konsequenz aus der wahrgenommenen Situation.

Handlung Die abschließende Handlungsphase, leitet dann die in der Entscheidung getroffenen Handlung ein. Die Handlung kann sich entweder im realen Handeln oder im Handeln an Einstellungen bzw. Vorstellungen ausdrücken. Innerhalb dieser Phase ist auch die Ausprägung ‚*Nichts tun*' explizit eingeschlossen.

5.1.2 Setting

Das Setting beschreibt den strukturellen Rahmen der Coaching-Konzeption. Für den gewählten Ansatz werden zwei relevante Strukturräume eröffnet. Zum einen die Situation im Coaching selbst und zum anderen die Sicht des Coachees auf die Fragestellung. Für beide Strukturräume wird das generelle Deutungsschema mit den jeweilig inkludierten Phasen zugrundegelegt. Die Interaktion zwischen Coachee und Coach bezieht sich somit nur auf die zugrundegelegten Deutungsschemata. Ein direkter Bezug zur unmittelbaren Coaching-Fragestellung durch den Coach, wird bei zugrundelegung einer engen Definition des personzentrierten Ansatzes, ausgeschlossen. Bei einer erweiterten Sichtweise könnte hier ein Coachee-unabhängige Sichtweise auch vom Coach in die Interaktion eingebracht werden. Die Abbildung 5.2 zeigt die Zusammenhänge nochmals graphisch auf.

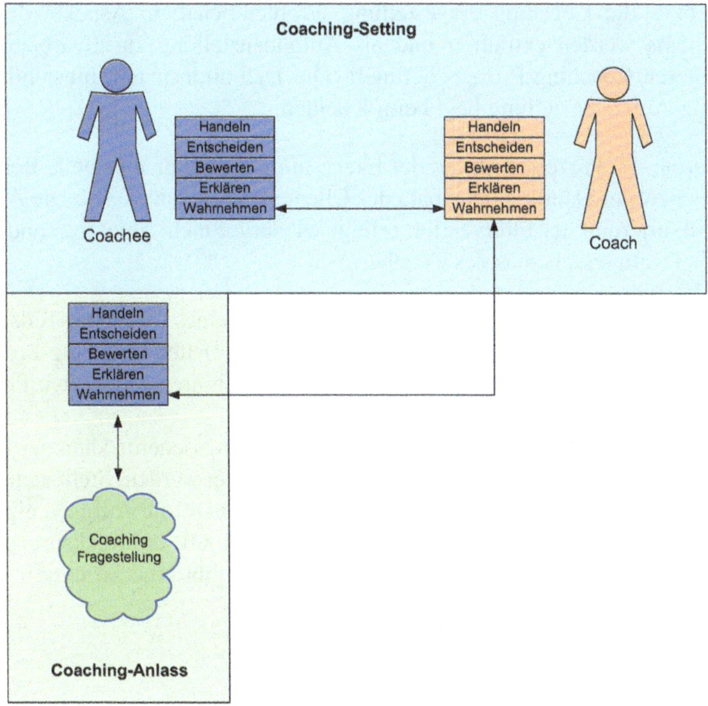

Abb. 5.2. Setting (Quelle: Eigene Darstellung)

5.1.3 Prozess

Der Coaching-Prozess wird in die Stufen[2]

1. Initialisierung,
2. Klärung,
3. Intervention und
4. Abschluß

aufgegliedert.

Initialisierung Der erste Prozess-Schritt etabliert den geplanten Coaching-Prozess vor allem im Hinblick auf den Rahmen (zeitlich/aufwandsmäßig) und den Beziehungsaufbau zwischen Coachee und Coach.

Klärung Die darauffolgende Klärungsphase fokussiert sich auf den Coaching-Anlass bzw. die Coaching-Fragestellung. Problembehaftete Aspekte des Deutungsschema werden extrahiert und als Aufgabenstellung zur Bearbeitung für den weiteren Coaching-Prozess definiert. Die Definitionsmacht hinsichtlich der Coaching-Aufgabenstellung liegt beim Klienten.

Intervention Im Prozesschritt der der Intervention erfolgt eine gezielte Beeinflussung des bzw der Deutungsschemata des Clienten durch den Coach. Die Auswahl und Strukturierung der Intervention erfolgt wiederum nicht objektiv, sondern anhand des Deutungsschemas des Coaches.

Abschluß Mit der Phase Abschluß erfolgt das Ende eines Coaching-Teilschrittes (z.B. einer Coaching-Sitzung) oder das Ende des kompletten Coaching-Prozesses. Die Bewertung der für einen Abschluß notwendigen hinreichend guten Problemlösung liegt beim Klienten.

Im Gegensatz zur unbedingten Abfolge im Deutungsschema kann der Prozess mit verschiedenen Schleifen und Rücksprunge gestaltet werden. Stellt sich z.B. in einer späteren Phase etwa heraus, dass das Problem bzw. die Aufgabe eigentlich ein ganz andere ist (aus Sicht es Clienten), so erfolgt z.B. ein Rücksprung in die Klärungsphase. Die hier vorgenommene Aufteilung gibt eine Struktur vor, lässt aber die Wahl der einzusetzenden Methoden offen.

---

[2] Zu möglichen Prozessablauffolgen im Coaching siehe Maurer (2009, S. 76–82). Die Kontrakt- und Kontaktphase wurde hier in einer Phase zusammengefaßt, da durch die Differenzierung keine inhaltliche sondern nur eine formale Unterscheidung erfolgt.

5.1.4 Ebenen

Neben den oben geschilderten Aspekten ist es wichtig, die vom Coaching addressierten Ebenen zu benennen. Innerhalb des gewählten Ansatzes sollen die *„kognitive“*, die *„emotionale“* und die *„aktionale“* Ebene in die Betrachtung eingeschlossen werden. Die Ebenen stehen dabei in einem gegenseitigen Abhängigkeitsverhältnis zueinander (siehe Abbildung 5.3).

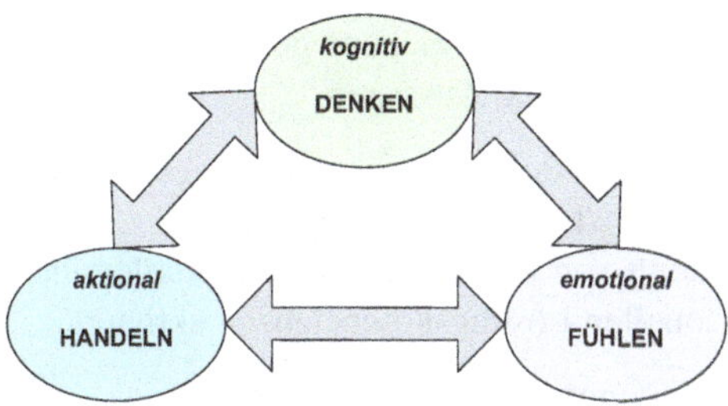

Abb. 5.3. Coaching-Ebenen(Quelle: Eigene Darstellung)

Die (übliche) Aufteilung bzw. Betrachtung[3] von Kognition und Emotion wurde um die Dimension des Handelns erweitert. Dies wurde insbesondere aufgrund der Verankerung des Coachings im arbeitsweltlichen Kontext und in Hinblick auf motivationale Aspekte bei der Lösungsumsetzung vorgenommen.

5.2 „Harter“ Kern

Die Konstruktion des „harten“ Kerns – der durch negative Heuristik geschützt ist – erfolgt neben der Definition der Grundkonzeption, anhand

- des Erklärungsparadigmas,
- des Kommunikationsparadigmas und
- des Beeinflussungsparadimas bzw. Veränderungsparadigma.

Die einzelnen Paradigmen mit den zugeordneten Aussagen(-komplexen) werden im Folgenden kurz dargestellt. Bei der Konstruktion der Aussagensysteme wurde von einer sehr engen Definition (z.B. keine organisationellen Aspekte und

---

[3] Siehe hierzu z.B. auch das Konzept von Ciompi (1997).

keine methodischen) des personzentrierten Ansatzes ausgegangen. Durch diese enge Defintion wird der harte Kern bewußt klein gehalten und möglichst viele Aussagen kommen in den überprüfbaren Bereich des Schutzgürtels. Nachteilig bei dieser Vorgehensweise ist, dass der Erklärungsbereich eingeschränkt wird. Sollte der Erklärungs- und Gestaltungsbereich so eingeschränkt sein, dass eine Problemlösung nicht mehr effektiv möglich ist, so muss der Kern entsprechend erweitert werden.

Unter dem „Erklärungsparadigma“ werden allen Ausagen bwz. Aussagenkomplexe zusammengefaßt, anhand derer Erklärungen über den gegenstandsbezogen Bereich im Hinbblick auf die Zielerreichung gebildet werden können. Für den personzentrierten Ansatz werden die Aussagen

E-A1 Problemlösungen und deren Hindernisse liegen in der Person (z.B. Selbstaktualisierungstendenz/Inkongruenz) begründet.

E-A2 Durch Herstellung von Beziehungsqualität werden die Hindernisse aufgelöst und die personellen Lösungskompetenzen aktiviert.

in den Erklärungsparadigmen-Bereich aufgenommen.

Unter dem „Kommunikationsparadigma“ umfasst Aussagen, die sich auf die Vermittlung und die Vermittlungsmöglichkeiten beziehen. Dies kann sich sowohl auf die eigentliche Problemlösung, wie auch auf Beziehungsstrukturen. Folgende Aussagen wurde für den personzentrierten Ansatz im Kommunikationsparadigma gesehen

K-A1 Die personellen Probleme lassen sich prinzipiell über die Kommunikation zwischen Klient und Berater erfassen.

K-A2 Die Lösungsmöglichkeiten lassen sich prinzipiell auch über die Kommunikation zwischen Klient und Berater vermitteln.

Das „Beeinflussungsparadigma“ oder „Verändeungssparadigma“ schließt alle Aussage ein, die sich auf die Veränderung bzw. die Veränderungsmöglichkeiten beziehen. Es erfolgte hier ein Differenzierung zwischen Vermittlung und Beeinflussung, da es zwar möglich ist Inhalte zu vermitteln, diese jedoch nicht zwingenderweise zu tatsächlichen Änderungen führen müssen. Es ist daher angebracht auch hinsichtlich der realen Veränderung, grundsätzliche Aussagen zu treffen.

B-A1 Die durch die Kommunikation vermittelten Lösungsansätze führen – ohne weitere Interaktion mit dem Berater oder anderen Akteuren – zur Einleiten einer realen Veränderung.

Durch die zunächst relativ abstrakte Defintion der Aussagensystem soll ein möglichst großer Anwendungsbereich geöffnet werden.

5.3 Schutzgürtel

Im Schutzgürtel wird nun der Freiraum mit überprüfbaren Aussagensystem so erweitert, dass eine vollständige Erklärung und Gestaltung des Coachingprozesses möglich ist. Auch hier gilt es die minimale Menge von Aussagen bzw. Aussagensysteme anzustreben. Dies ist nicht als Einschränkung der beraterischen Vielfalt zu verstehen, sondern bezieht sich auf die theoretische Begründungsstruktur und dessen Überprüfung. Nachfolgend werden einzelne zentrale Aspekte, abgeleitet von den einzelnen Paradigmen, des Schutzgürtels besprochen.

Ein erster wesentlicher Aspekt ist die „Beziehungsqualität" (aufbauend auf E-A1). Diese wird nach *Rogers* durch die Elemente *Akzeptanz*, *Kongruenz* und *Empathie* ursächlich hinreichend hergestellt. Diese Elemente und ihre Verbindung werden als prüfbare Hypothesen in den Schutzgürtel aufgenommen. Die Aufnahme in den Schutzgürtel bestimmt zwar die generelle Prüfbarkeit des Aussagensystems, sagt aber nichts über die Art und Weise der Prüfung selbst aus. Eine Prüfung ist daher durchaus auf verschiedene Arten möglich (z.B. empirisch oder diskursiv). Ungeachtet des Art und Weise der Prüfung müssen die Bezugsobjekte aber folgerichtig für die (intersubjektive) Prüfung operationalisiert werden.

Die Ausgestaltung der Kommunikationsstruktur (K-A1;K-A2) ist ein weiterer zentraler Aspekt. Hier werden von dem personzentrierten Ansatz verschiedene verbale Techniken (z.B. VEE, Widerspiegeln, usw.) angeboten. Diese Techniken lassen sich ebenfalls alle in den Schutzgürtel mitaufnehmen. Die Aufnahme der Technik erfolgt natürlich immer im Bezug zu einer Aussage, die auf eine Kausalbeziehung verweist. So kann z.B. die Aussage „*Der Einsatz von der verbalen Fragetechnik VEE führt zum Erhöhung der Beziehungsqualität in der Beratungsbeziehung) aufgenommen werden*" formuliert werden. In diesem Bereich sind bereits erste wissenschaftliche Untersuchungen durchgeführt worden, die die Kausalbeziehung untersuchen[4]. Wichtig ist es hierbei aber die Bezug zu jeweiligen theoretischen Konstrukten sauber zu explizieren und ggfs. zu differenzieren.

Neben der indirekten Wirkbeziehungen können auch Aussagen über die direkte Einflußstrukturen in den Schutzgürtel mit aufgenommen werden. So sind z.B. besonders hilfreiche Techniken zur Problem(auf)lösung hinsichtlich ihrer Kausalbeziehung formuliert und prüfbar. Dies kann insbesondere im Bezug auf die verschiedenen Ebenen des Deutungsschema konzeptionell gestaltet werden. Als Referenzbeispiel hierfür kann das erweiterte Motivationsmodell von HECKHAUSEN & RHEINBERG[5] herangezogen werden.

---

4 Vgl. Maurer (2009, S. 108f).

5 Vgl. Rheinberg & Salisch (2008, S. 142f). Aufbauend auf der Kausalsequenz *Situation → Handlung → Ergebnis → Folgen*, werden über die operationalisierten Konstrukte der Situations-

5.4 Zur Methodenfrage

Die wissenschaftstheoretische Postionierung wird häufig – zunehmend auch in letzter Zeit – an den Dualismen naturwissenschaftliche vs. geisteswissenschaftliche Position/Haltung[6] und qualitativer vs. quantitativer Forschungsansatz[7] diskutiert. Innerhalb dieser Diskussion werden die zugrundegelegten erkenntnistheoretischen Paradigmen aber nicht transparent und daher ist eine Verständigung oder Entscheidung in der Fragestellung nicht sinnvoll möglich. Zunehmend gewinnt man bei der Diskussion den Eindruck, es sei letztlich eine Glaubens- oder Neigungsfrage, welcher Richtung man sich den anschließen möge oder der vermeintliche Konflikt löse sich in einer ganzheitlichen Meta-Perspektive ohnehin auf. Dieser Position und dem zugrundeliegenden Relativsmus wird an dieser Stelle entschieden entgegengetreten. Die Wahl der Methoden sollte sich primär an der erkenntnistheoretischen Fundierung und am zu gewinnenden Erkenntnisziel orientieren. Die Wahl der erkenntnistheoretischen Basis kann letztlich nicht objektiv entschieden werden, da zur Bewertung wieder eine Theorie und eine Bewertungsnorm vorausgesetzt werden müsste, die sich ihrerseits nicht objektiv begründen liese. Dies heißt aber nicht, dass im Umkehrschluss damit eine weitere rationale Entscheidung hinsichtlich der Methoden und Verfahren getroffen werden kann. Nach der expliziten erkenntnistheoretischen Positionierung kann und muss sich diese Wahl rational begründen lassen und genügt somit dem Anspruch der Intersubjektivität. Hinsichtlich der Fundierung des Coachings auf Basis der Forschungsprogramme, die in den obigen Ausführungen sizziert worden ist, kann somit die Wahl der Methoden und Techniken gut rational entschieden und begründet werden. Je nach Operationalisierung und Erkenntnisziel können dabei unterschiedliche Methoden auf den verschiedenen Bereichen verwendet werden. So können zur Gewinnung und Definition der zentralen Objektstrukturen qualitativ-explorative Methoden und zur Validierung empirische Methoden verwendet werden. Eine Eingrenzung auf den einen oder anderen Bereich ist weder notwendig noch sinnvoll. Somit entpuppen sich bei klarer epistemologischer und wissenschaftstheoretischer Positionierung die Dualismen als unnötige und schädliche Schein-Diskurse.

Ergebnis-Erwertung (SEE), der Selbstwirksamkeitserwartung (SWE), der Handlungs-Ergebnis-Wirkung (HEW), der Ergebnis-Folgen-Erwartung (EFE) und des Anreizwertes der Folgen(AF) Beziehungsstrukturen und Einflusshebel, sowohl hinsichtlich der Erklärung wie auch der Gestaltung/Veränderung formuliert.

6 Vgl. Richter (2005, S. 13f).

7 Vgl. Greif (2012, S. 37f).

6 Fazit und Ausblick

Im letzten Kapitel werden im Ergebnisse zu den untersuchten Fragestellungen kurz zusammengefasst und im Anschluß ein kurzer Ausblick auf mögliche weitere Entwicklungsmöglichkeiten gegeben.

6.1 Ergebnisse

Die Aufgabenstellung der Untersuchung umfasst die folgenden drei Fragen:

1. Kann Wissenschaftstheorie den Fortschritt der Coaching-Wissenschaft unterstützen?
2. Eignen sich spezifische wissenschaftstheoretische Angebote für bestimmte Coaching-„Schulen“ besonders und wenn ja, für welche?
3. Wie kann eine wissenschaftstheoretische Fundierung exemplarisch ausgestaltet werden?

Resümierend können die Fragen nach der durchgeführten Analyse wie folgt beantwortet werden.

1. Die Entwicklung der Coaching-Wissenschaft kann durch eine reflektierte wissenschaftstheoretische Positionierung wesentlich unterstützt werden. Dabei ist neben der Orientierungsfunktion (Was und Wie), der Differenzierungsfunktion (Was nicht) auch das schöpferisch-kreative Potential, das sich aus der Positionierung ergibt, ein wesentlicher Impulus für den Fortschritt. Als beispielhaft hierfür seien die Ansätze und Impulse genannt, die sich aus der Dekonstruktion der Ansätze in Kapitel 3 ergeben haben.
2. Für die untersuchten Coaching-Ansätze konnten klar mögliche wissenschaftstheoretische Positionen zugeordnet werden. Dem personzentrierten Ansatz wird als mögliche Fundierungvarianten die Forschungsprogramme und die

kritisch/dialektischen Ansätze zugeordnet. Für den systemischen Ansatz wurde der Konstruktivismus, die strukturtheoretische Ansätze, sowie die kritisch/dialektischen Ansätze als sinnvollen Fundierungsbasen ermittelt. Überraschenderweise haben sich hier auch Kombinationen ergeben, die auf den ersten Blick, so zunächst nicht zu erwarten waren (z.B. systemischer Ansatz ↔ kritische Theorie). Desweiteren zeigten sich bei der genaueren Analyse sowohl die Ansätze des Coachings, wie auch die wissenschaftstheoretischen Ansätze weniger als statische und feste Konstrukte sondern eher als entwicklungsfähige Konzeptionen, bei denen in Teilbereichen noch Klärungs- und Entwicklungsbedarf besteht.

3. Für den personzentrierten Ansatz wurde auf Basis der Forschungsprogramme eine wissenschaftstheoretische Fundierung vorgenommen. Die exemplarische Ausgestaltung hat gezeigt, dass eine Fundierung – auch in ungewohnten Kombinationen – operativ möglich ist. Zur kompletten Ausgestaltung des Ansatzes sind jedoch noch Klärungs- und weitere Konzeptionsaufwände notwendig.

6.2 Ausblick

Alle drei Forschungsfragen abschließend positiv beantwortet. Damit eine wissenschaftstheoretische Fundierung in relevantem quantitativen und qualitativen Umfang stattfindet bzw. stattfinden kann, sind noch einige Voraussetzungen notwendig, die erfüllt sein müssen. Als erstes muss in der „scientific community" und der „practical community" ein ausreichendes Interesse und eine hinreichend große Diskursbereitschaft vorhanden sein. Obwohl hier Einiges für eine wissenschaftliche Fundierung spricht, gibt es auch gegenläufige Bewegung, die hier – teilweise implizit – entgegenwirken. Die mit der wissenschaftstheoretische Fundierung verbundene Transparenz und (öffentliche) Vergleichbarkeit kann in Folge zur mögliche Schwächung von (gefestigten) Marktpositionen und zur Erhöhung der Substitutionsgefahr führen. Als zweites muss der Aufwand für den inhaltlichen Ausbau und die Entwicklung der Konzepte geleistet werden. Diese Initialinvestition muss von der Anbieterseite und/oder von der sich gerade entwickelnden „scientific community" in diesem Bereich geleistet werden. Durch die Neuentwicklung werden aber bestehende Strukturen evtl. verändert und Forschungsfelder sind neu zu entwickeln. Für diese Neuentwicklungen und Pionierarbeit ist aber eine Anschlussfähigkeit an die bestehenden Konzepte und Forschungsstrukturen sicherzustellen. Bei zu revolutionärer Betrachtungsweise besteht die Gefahr einer inhaltlichen und ressourcen-technischen Isolierung. Als drittes muss das Entwicklungsparadigma auch konzequent in Forschungsstrukturen und Konzeptionen eingebunden werden.

Nur durch die permanente Weiterentwicklung bleiben die Konzepte lebensfähig und sind in der Lage, die dogmatisch, gegen Kritik immunisierte, Grundhaltung zu verhindern. Es bleibt abzuwarten, in welche Richtung sich die Entwicklung bewegt. Dennoch soll an dieser Stelle die Hoffnung zum Ausdruck gebracht werden, dass diese Arbeit einen kleinen Beitrag dazuleisten kann, sich aus dem selbstverschuldeten Unvermögen des wissenschaftlichen Diskurses für diesen Gegenstandsbereich zu befreien und die Widerstreite im Sinne LYTORDS zu aktivieren.

Literaturverzeichnis

Aksu, Yasmin & Graf, Eva-Maria (2012). Beratung, Coaching, Supervision multidiziplinär – Eine Hinführung. In: Graf, Eva-Maria **et al.** (Hrsg.). *Beratung, Coaching, Supervision. Multidisziplinäre Perspektiven vernetzt.* Wiesbaden: VS Verlag für Sozialwissenschaften, S. 9–19.

Albert, Hans (1964). Probleme der Theoriebildung. Entwicklung, Struktur und Anwendung sozialwissenschaftlicher Theorien. In: Albert, Hans (Hrsg.). *Theorie und Realität: ausgewählte Aufsätze zur Wissenschaftslehre der Sozialwissenschaften.* Tübingen: Mohr (Siebeck), S. 3–70.

Albert, Hans (1998). *Marktsoziologie und Entscheidungslogik: zur Kritik der reinen Ökonomik.* Tübingen: Mohr Siebeck.

Albert, Hans (2001). *Hans-Albert Lesebuch: ausgewählte Texte.* Tübingen: Mohr Siebeck.

Alvesson, Mats & Willmott, Hugh (2003). Introduction. In: Alvesson, Mats & Willmott, Hugh (Hrsg.). *Studying management critically.* London: Sage, S. 1–22.

Ameln, Falko von; Kramer, Josef & Stark, Heike (2009). *Organisationsberatung beobachtet: Hidden Agendas und blinde Flecke.* 1. Auflage. Wiesbaden: Verl. für Sozialwiss..

Backhausen, Wilhelm & Thommen, Jean-Paul (2006). *Coaching durch systemisches Denken zu innovativer Personalentwicklung.* 3. Auflage. Wiesbaden: Gabler.

Becker, Jochen (2001). *Marketing-Konzeption: Grundlagen des ziel-strategischen und operativen Marketing-Managements.* 7. Auflage. München: Vahlen.

Becker, Jörg et al. (2003). Wissenschaftstheoretische Grundlagen und ihre Rolle für eine konsensorientierte Informationsmodellierung. In: Frank, Ulrich (Hrsg.). *Tagungsband Wissenschaftstheorie in Ökonomie und Wirtschaftsinformatik.* Koblenz, S. 307–334.

Behrens, Roger (2009). Kritische Theorie. In: Kneer, Georg & Schroer, Markus (Hrsg.). *Handbuch Soziologische Theorien.* VS Verlag für Sozialwissenschaften, S. 199–219.

Berger, Franz (2006). Personzentrierte Beratung. In: Eckert, Jochen; Biermann-Ratjen, Eva-Maria & Höger, Diether (Hrsg.). *Gesprächspsychotherapie. Lehrbuch für die Praxis.* Berlin, Heidelberg: Springer, S. 333–372.

Berghaus, Margot (2004). *Luhmann leicht gemacht: eine Einführung in die Systemtheorie.* 2. Auflage. Köln: Böhlau UTB.

Birgmeier, Bernd (2008). Coaching im Spagat zwischen Praxis und Wissenschaft. In: *Organisationsberatung, Supervision, Coaching,* 15, Nr. 2, S. 119–136.

Birgmeier, Bernd (2011). Coaching research ist die Gegenwart – Coaching science die Zukunft: Utopie oder Realität? – ein Ausblick. In: Birgmeier, Bernd (Hrsg.). *Coachingwissen.* Wiesbaden: VS Verlag für Sozialwissenschaften, S. 421–432.

Birkner, Stephanie & Mohe, Michael (2009). Konstruktionen und Implikationen zur Existenz von Mehrdeutigkeit. In: Ameln, Falko von; Kramer, Josef & Stark, Heike (Hrsg.). *Organisationsberatung beobachtet: Hidden Agendas und blinde Flecke.* 1. Auflage. Wiesbaden: Verl. für Sozialwiss., S. 18–22.

Bitsch, Günter (2002). *(R) evolutionäres Marketing: Ein konstruktivitischer Ansatz eines evolutionären Management-Modells für wissensorientierte Unternehmungen.* Master Thesis Donau-Universität Krems.

Bitsch, Günter (2007). Die Rolle des Unternehmers als kritischer Erfolgsfaktor für das strategische Management in KMUs. In: Letmathe, Peter **et al.** (Hrsg.). *Management kleiner und mittlerer Unternehmen: Stand und Perspektiven der KMU-Forschung*. 1. Auflage. Wiesbaden: Deutscher Universitäts-Verlag, S. 189–204.

Bitsch, Günter (2011). *Strategisches Wachstumsmanagement eigentümergeführter, wissensbasierter kleiner und mittlerer Unternehmen*. Band 5, KMU-Forschung. Frankfurt am Main: Lang.

Boje, David M. (2001). *Narrative methods for organizational and communication research*. London: Sage.

Braun, Robert & Esswein, Werner (2006). Eine Methode zur Konzeption von Forschungsdesigns in der konzeptuellen Modellierungsforschung. In: Schlep, J. **et al.** (Hrsg.). *Integration, Informationslogistik und Architektur: Proceedings der DW2006 Gesellschaft für Informatik.*, S. 143–171, Lecture Notes in Informatics.

Breinlinger-O'Reilly, Jochen (1991). *Aufbau und Struktur wirtschaftswissenschaftlicher Theorien: eine Kritik am wissenschaftstheoretischen Entwurf von Dieter Schneider und die strukturalistische Alternative*. Spardorf: Wilfer.

Breuer, Franz (2010). Wissenschaftstheoretische Grundlagen qualitativer Methodik in der Psychologie. In: Mey, Günter & Mruck, Katja (Hrsg.). *Handbuch Qualitative Forschung in der Psychologie*. Wiesbaden: VS Verlag für Sozialwissenschaften, S. 35–49.

Brunner, Ewald Johannes (2007). Systemische Beratung. In: Nestmann, Frank; Engel, Frank & Sickendiek, Ursel (Hrsg.). *Das Handbuch der Beratung, Band 2: Ansätze, Methoden und Felder*. 2. Auflage. Tübingen: dgvt-Verl., S. 655–661.

Buber, Martin (2006). *Das dialogische Prinzip*. 10. Auflage. Gütersloh: Gütersloher Verl.- Haus.

Burmeister, Lars & Steinhilper, Leila (2010). Unscharfe Konturen – kritische Standortbestimmung eines Beratungsnetzwerks. In: *Gruppendynamik und Organisationsberatung*, 41, Nr. 2, S. 107–124.

Böning, Uwe (2005). Coaching: Der Siegeszug eines Personalentwicklungs-Instruments – Eine 15-Jahres-Bilanz. In: Rauen, Christopher (Hrsg.). *Handbuch Coaching*. 3. Auflage. Göttingen u.a.: Hogrefe, S. 21–54.

Carrier, Martin (2004). Wissenschaftstheorie. In: Mittelstraß, Jürgen **et al.** (Hrsg.). *Enzyklopädie Philosophie und Wissenschaftstheorie*. Band 4, Unveränd. Sonderausg Auflage. Stuttgart u.a.: Metzler, S. 738–745.

Chalmers, Alan F. (2007). *Wege der Wissenschaft: Einführung in die Wissenschaftstheorie*. 6. Auflage. Berlin u.a.: Springer.

Chmielewicz, Klaus (1994). *Forschungskonzeptionen der Wirtschaftswissenschaft*. 3. Auflage. Stuttgart: Schäffer-Pöschel, Sammlung Poeschel ; 92.

Choe, Hoyoung (2005). Zu einer gemäßigten Perspektive des Konstruktivismus., Berlin, Zugl.: Berlin, Freie Univ., Diss., 2005.

Ciompi, Luc (1997). *Die emotionalen Grundlagen des Denkens: Entwurf einer fraktalen Affektlogik*. Göttingen: Vandenhoeck & Ruprecht.

Contu, Alessia & Willmott, Hugh (2005). You Spin Me Round: The Realist Turn in Organization and Management Studies. In: *Journal of Management Studies*, 42, Nr. 8, S. 1645–1662.

Derrida, Jacques (1972). Die Struktur, das Zeichen und das Spiel im Diskurs der Wissenschaften vom Menschen. In: Derrida, Jacques (Hrsg.). *Die Schrift und die Differenz*. 1. Auflage. Frankfurt am Main: Suhrkamp, S. 422–442.

Deurzen-Smith, Emmy von & Smith, David (1996). Ist die Psychotherapie eine eigenständige wissenschaftliche Disziplin? In: Pritz, Alfred (Hrsg.). *Psychotherapie – eine neue Wissenschaft vom Menschen*. Wien u.a.: Springer, S. 19–43, Aus dem Englischen übersetzt von Thomas Slunecko und Eva-Maria Wolfram.

Dilthey, Wilhelm (1990[1894]). Ideen über eine beschreibende und zergliedernde Psychologie. In: Dilthey, Wilhelm (Hrsg.). *Gesammelte Schriften*. Band V, 8. Auflage. Göttingen: Vandenhoeck & Ruprecht, S. 139–240, hg. v. Georg Misch.

Du Sautoy, Marcus (2004). *Die Musik der Primzahlen: auf den Spuren des größten Rätsels der Mathematik*. 3. Auflage. München: Beck.

Eckardt, Georg (2010). *Kernprobleme in der Geschichte der Psychologie.* Wiesbaden: VS Verlag für Sozialwissenschaften.

Exner, Alexander; Königswieser, Roswita & Titscher, Stefan (1987). Unternehmensberatung - systematisch: theoret. Annahmen u. Interventionen im Vergleich zu anderen Ansätzen. In: *Die Betriebswirtschaft*, 47, Nr. 3, S. 265–284.

Fegter, Susann; Geipel, Karen & Horstbrink, Janina (2010). Dekonstruktion als Haltung in sozialpädagogischen Handlungszusammenhängen. In: Kessl, Fabian & Plößer, Melanie (Hrsg.). *Differenzierung, Normalisierung, Andersheit.* VS Verlag für Sozialwissenschaften, S. 233–248.

Feyerabend, Paul Karl (1987). *Wider den Methodenzwang.* 2. Auflage. Frankfurt am Main: Suhrkamp, Suhrkamp-Taschenbuch Wissenschaft ; 597.

Fietz, Beate (2011). Chancen und Risiken der Coachingforschung – eine professionssoziologische Perspektive. In: Wegener, Robert; Fritze, Agnès & Loebbert, Michael (Hrsg.). *Coaching entwickeln – Forschung und Praxis im Dialog.* 1. Auflage. Wiesbaden: VS Verlag für Sozialwissenschaften, S. 24–33.

Fried, Andrea (2001). Konstruktivismus. In: Weik, Elke & Lang, Reinhart (Hrsg.). *Moderne Organisationstheorien.* Wiesbaden: Gabler, S. 29–60.

Fröhlich, Günter (2000). *Ein neuer Psychologismus?: Edmund Husserls Kritik am Relativismus und die Erkenntnistheorie des radikalen Konstruktivismus von Humberto R. Maturana und Gerhard Roth.* Würzburg: Königshausen & Neumann.

Fuchs, Peter (2004). *Der Sinn der Beobachtung: begriffliche Untersuchungen.* 1. Auflage. Weilerswist: Velbrück Wissenschaft.

Gerber, Monika (1976). Zur Korrespondenz- und Konsenstheorie der Wahrheit. In: *Journal for General Philosophy of Science*, 7, Nr. 1, S. 39–57.

Gerum, Elmar (1979). Prinzipien des Konstruktivismus. In: Raffée, Hans & Abel, Bodo (Hrsg.). *Wissenschaftstheoretische Grundfragen der Wirtschaftswissenschaften.* München: Vahlen, S. 205–208.

Gethmann, Carl F. (2004). Rationalismus. In: Mittelstraß, Jürgen **et al.** (Hrsg.). *Enzyklopädie Philosophie und Wissenschaftstheorie.* Band 3, Stuttgart u.a.: Metzler, S. 464–466.

Glasersfeld, Ernst von (1997). *Radikaler Konstruktivismus: Ideen, Ergebnisse, Probleme.* 1. Auflage. Frankfurt am Main: Suhrkamp, Suhrkamp-Taschenbuch Wissenschaft ; 1326.

Greif, Siegfried (2008). *Coaching und ergebnisorientierte Selbstreflexion: Theorie, Forschung und Praxis des Einzel- und Gruppencoachings.* Göttingen u.a.: Hogrefe.

Greif, Siegfried (2009). Grundlagentheorien und praktische Beobachtungen zum Coachingprozess. In: Birgmeier, Bernd (Hrsg.). *Coachingwissen: denn sie wissen nicht, was sie tun?* 1. Auflage. Wiesbaden: Verl. für Sozialwiss., S. 129–144.

Greif, Siegfried (2011). Die wichtigsten Erkenntnisse aus der Coachingforschung für die Praxis aufbereitet. In: Wegener, Robert; Fritze, Agnès & Loebbert, Michael (Hrsg.). *Coaching entwickeln – Forschung und Praxis im Dialog.* 1. Auflage. Wiesbaden: VS Verlag für Sozialwissenschaften, S. 34–43.

Greif, Siegfried (2012). Qualitative oder quantitative Methoden in der Coachingforschung – Methodenstreit zwischen unversöhnlichen Wissenschaftsauffassungen? In: Graf, Eva-Maria **et al.** (Hrsg.). *Beratung, Coaching, Supervision. Multidisziplinäre Perspektiven vernetzt.* Wiesbaden: VS Verlag für Sozialwissenschaften, S. 37–52.

Groeben, Norbert & Westmeyer, Hans (1975). *Kriterien psychologischer Forschung.* München: Juventa-Verl..

Grondin, Jean (2009). *Hermeneutik.* Göttingen: Vandenhoeck & Ruprecht.

Grünbaum, Adolf (1987). *Psychoanalyse in wissenschaftstheoretischer Sicht. Zum Werk Sigmund Freuds und seiner Rezeption.* Konstanz: Universitätsverlag.

Gutenberg, Erich (1929). *Die Unternehmung als Gegenstand betriebswirtschaftlicher Theorie.* Berlin [u.a.]: Spaeth u. Linde, Betriebs- und finanzwirtschaftliche Forschungen.

Günther, Gotthard (1991). *Idee und Grundriss einer nicht-aristotelischen Logik. Die Idee und ihre philosophischen Voraussetzungen .* 3. Auflage. Hamburg: Meiner.

Haas, Bernhard & Troschke, Bettina (2010). *Teamcoaching. Exzellenz vom Zufall befreien.* Wiesbaden: Gabler Verlag.

Habermas, Jürgen (1973). *Erkenntnis und Interesse.* 1. Auflage. Frankfurt am Main: Suhrkamp, Suhrkamp-Taschenbuch Wissenschaft ; 1.

Habermas, Jürgen (1995). *Theorie des kommunikativen Handelns: Band 1 - Handlungsrationalität und gesellschaftliche Rationalisierung.* Taschenbuchausg. Auflage. Frankfurt/Main: Suhrkamp, Suhrkamp-Taschenbuch Wissenschaft ; 1175.

Hamlin, Robert G.; Ellinger, Andrea D. & Beattie, Rona S. (2008). The emergent 'coaching industry': a wake-up call for HRD professionals. In: *Human Resource Development International,* 11, Nr. 3, S. 287–305.

Hanisch, Detlef Arthur (2009). *Darstellung und Kritik des Konstruktivismus aus kritisch-rationaler Perspektive: zur Frage nach der Existenz der Realität und ihrer objektiven Erkennbarkeit.* Frankfurt am Main u.a.: Lang.

Hartz, Roland & Lang, Rainhart (2003). Neomarxismus und Kritische Theorie. In: Weik, Elke & Lang, Rainhart (Hrsg.). *Moderne Organisationstheorien 2 – Strukturorientierte Ansätze.* 1. Auflage. Wiesbaden: Gabler, S. 1–41.

Haselmann, Sigrid (2007). Systemische Beratung und der systemische Ansatz in der Sozialen Arbeit. In: Michel-Schwartze, Brigitta (Hrsg.). *Methodenbuch Soziale Arbeit.* VS Verlag für Sozialwissenschaften, S. 153–206.

Haug, Sonja (2003). Wissenschaftstheoretische Problembereiche empirischer Wirtschafts- und Sozialforschung: induktive Forschungslogik, naiver Realismus, Instrumentalismus, Relativismus. In: Frank, Ulrich (Hrsg.). *Tagungsband Wissenschaftstheorie in Ökonomie und Wirtschaftsinformatik.* Koblenz, S. 77–97.

Hausinger, Brigitte (2009). Beratung als Wissenschaft, als Profession oder Kunst? In: Möller, Heidi & Hausinger, Brigitte (Hrsg.). *Quo vadis Beratungswissenschaft?* Wiesbaden: VS Verlag für Sozialwissenschaften, S. 177–184.

Heinen, Edmund (1971). Der entscheidungsorientierte Ansatz der Betriebswirtschaftslehre. In: *Zeitschrift für Betriebswirtschaftslehre,* 41, Nr. 7, S. S. 429–444.

Holl, Alfred & Auerochs, Robert (2004). Analogisches Denken als Erkenntnisstrategie zur Modellbildung in der Wirtschaftsinformatik. In: Frank, Ulrich (Hrsg.). *Wissenschaftstheorie in Ökonomie und Wirtschaftsinformatik: Theoriebildung und -bewertung, Ontologien, Wissensmanagement.* 1. Auflage. Wiesbaden: Dt. Univ.-Verl., S. 367–389.

Holzkamp, Klaus (1993). Was heißt „Psychologie vom Subjektstandpunkt"? Überlegungen zu subjektwissenschaftlicher Theorienbildung. In: *Journal für Psychologie,* 1, Nr. 2, S. 66–75.

Hopfenbeck, Waldemar (2000). *Allgemeine Betriebswirtschafts- und Managementlehre: das Unternehmen im Spannungsfeld zwischen ökonomischen, sozialen und ökologischen Interessen.* 13. Auflage. Landsberg/Lech: Verl. Moderne Industrie.

Horkheimer, Max (1932). Bemerkungen über Wissenschaft und Krise. In: *Zeitschrift für Sozialforschung,* 1, Nr. 1–7, Reprint: München 1980, S. 1–7..

Horkheimer, Max (2007). *Zur Kritik der instrumentellen Vernunft.* Frankfurt, M.: Fischer.

Hu, Cheng-Kuang (2004). *Die Zähmung der Zweckrationalität in der deutschen Soziologie des 20. Jahrhunderts die Rationalisierungsproblematik bei Weber, Horkheimer, Adorno, Habermas und Beck.*Freiburg, Zugl.: Freiburg, Univ., Diss., 2004.

Hüther, Gerald (2010). Neurobiologie: umdenken, umfühlen oder umhandeln? In: Künzler, Alfred **et al.** (Hrsg.). *Körperzentrierte Psychotherapie im Dialog.* Berlin Heidelberg: Springer, S. 115–119.

Jacobi, Friedrich Heinrich (1815). *David Hume über den Glauben, oder Idealismus und Realismus. Ein Gespräch.* Band 2, Werke. Leipzig: Fleischer.

Jung, Matthias (2007). *Hermeneutik zur Einführung.* 3. Auflage. Hamburg: Junius.

Kambartel, Friedrich (2004). Empirismus. In: Mittelstraß, Jürgen **et al.** (Hrsg.). *Enzyklopädie Philosophie und Wissenschaftstheorie.* Band 1, Stuttgart u.a.: Metzler, S. 542–543.

Kant, Immanuel (1781/2003). *Kritik der reinen Vernunft.* Hamburg: Meiner, Nach der ersten und zweiten Original-Ausgabe neu herausgegeben von Jens Timmermann.

Kelle, Udo (2008). *Die Integration qualitativer und quantitativer Methoden in der empirischen Sozialforschung theoretische Grundlagen und methodologische Konzepte.* 2. Auflage. Wiesbaden: VS Verlag für Sozialwissenschaften.

Kibéd, Matthias Varga von; Sparrer, Insa & Ritter, Michaela (2008). Allparteilichkeit, Anerkennung und Ausgleich: Die systemische Dreiheit für mehr Gerechtigkeit. In: Eigner, Christian & Weibel, Peter (Hrsg.). *Un/Fair Trade. Die Kunst der Gerechtigkeit.* 1. Auflage. Wien: Springer, S. 84–91, Matthias Varga von Kibéd und Insa Sparrer im Gespräch mit Michaela Ritter.

Kirsch, Werner (1997). *Kommunikatives Handeln, Autopoiese, Rationalität: kritische Aneignungen im Hinblick auf eine evolutionäre Organisationstheorie.* 2. Auflage. München: Kirsch, Münchener Schriften zur angewandten Führungslehre ; 66,2.

Kleining, Gerhard (2010). Qualitative Heuristik. In: Mey, Günter & Mruck, Katja (Hrsg.). *Handbuch Qualitative Forschung in der Psychologie.* Wiesbaden: VS Verlag für Sozialwissenschaften, S. 65–78.

Knorr-Cetina, Karin (1989). Spielarten des Konstruktivismus. In: *Soziale Welt*, 40, Nr. 1/2, S. 86–96.

Kockelmans, Joseph (1981). Überlegungen zur Lakatoschen Methodologie der wissenschaftlichen Forschungsprogramme. In: Radnitzky, Gerard & Andersson, Gunnar (Hrsg.). *Voraussetzungen und Grenzen der Wissenschaft.* Tübingen: Mohr, S. 319–338.

Kornmeier, Martin (2007). *Wissenschaftstheorie und wissenschaftliches Arbeiten.* Heidelberg: Physica-Verl..

Kretschmann, Jürgen (1990). *Die Diffusion des kritischen Rationalismus in der Betriebswirtschaftslehre.* Stuttgart: Poeschel, Betriebswirtschaftliche Abhandlungen ; N.F., Bd. 83, Jürgen Kretschmann..

Kriz, Jürgen (2010). Was leistet das Psychologiestudium und was fehlt ihm im Hinblick auf eine psychotherapeutische Ausbildung und Tätigkeit? In: *Psychotherapeutenjournal*, 2, Nr. 2010, S. 130–140.

Kriz, Jürgen; Lück, Helmut E. & Heidbrink, Horst (1990). *Wissenschafts- und Erkenntnistheorie: eine Einführung für Psychologen und Humanwissenschaftler.* 2. Auflage. Opladen: Leske + Budrich.

Kuhn, Thomas S. (2003). *Die Struktur wissenschaftlicher Revolutionen.* Frankfurt am Main: Suhrkamp, Suhrkamp-Taschenbuch Wissenschaft, aufbauend auf der zweiten revidierten, um das Postskriptum von 1969 ergänzten Auflage von 1976; erstmals im Orginal 1962 erschienen.

Kutschera, Franz von (1992). Der erkenntnistheoretishe Realismus. In: Sandkühler, Hans Jörg (Hrsg.). *Wirklichkeit und Wissen: Realismus, Antirealismus und Wirklichkeitskonzeptionen in Philosophie und Wissenschaften.* Frankfurt am Main: Peter Lang, S. 27–40.

Königswieser, Roswita & Exner, Alexander (2008). *Systemische Intervention: Architekturen und Designs für Berater und Veränderungsmanager.* 9. Auflage. Stuttgart: Schäffer-Poeschel.

Kühl, Stefan (2006). Psychiatrisierung, Personifizierung und Personalisierung Zur personenzentrierten Beratung in Organisationen. In: *Organisationsberatung, Supervision, Coaching*, 13, Nr. 4, S. 391–405.

Kühl, Stefan (2008). *Coaching und Supervision: zur personenorientierten Beratung in Organisationen.* 1. Auflage. Wiesbaden: Verl. für Sozialwiss..

Kühl, Stefan (2009). Die blinden Flecke der systemischen Beratung. Eine Beobachtung der Beobachtungen durch systemische Berater. In: Ameln, Falko von; Kramer, Josef & Stark, Heike (Hrsg.). *Organisationsberatung beobachtet: Hidden Agendas und blinde Flecke.* 1. Auflage. Wiesbaden: Verl. für Sozialwiss., S. 119–123.

Künzli, Hansjörg (2009). Wirksamkeitsforschung im Führungskräfte-Coaching. In: *Organisationsberatung, Supervision, Coaching*, 16, Nr. 1, S. 4–18.

Lakatos, Imre (1982). *Die Methodologie der wissenschaftlichen Forschungsprogramme.* Band 1, Philosophische Schriften. Braunschweig: Vieweg.

Lamnek, Siegfried (2010). *Qualitative Sozialforschung Lehrbuch.* 5. Auflage. Weinheim: Beltz.

Lesch, Sebastian (2011). *Psychoblasen in der Wirtschaft: Irrungen und Wirrungen im Management.* 1. Auflage. Wiesbaden: Gabler.

Lotz, Walter (2003). *Sozialpädagogisches Handeln: eine Grundlegung sozialer Beziehungsarbeit mit themenzentrierter Interaktion.* Mainz: Matthias-Grünewald-Verl..

Luhmann, Niklas (1974). Einführende Bemerkungen zu einer Theorie symbolisch generalisierter Kommunikationsmedien. In: *Zeitschrift für Soziologie*, 3, Nr. 3, S. 236–255.

Luhmann, Niklas (1987). *Soziale Systeme: Grundriß einer allgemeinen Theorie.* Frankfurt a.M.: Suhrkamp, Suhrkamp-Taschenbuch Wissenschaft.

Luhmann, Niklas (2002). *Einführung in die Systemtheorie.* 1. Auflage. Heidelberg: Carl-Auer-Systeme-Verl..

Lyotard, Jean-François (1988). Beantwortung der Frage: Was ist postmodern? In: Welsch, Wolfgang & Baudrillard, Jean (Hrsg.). *Wege aus der Moderne: Schlüsseltexte der Postmoderne-Diskussion.* Weinheim: VCH, S. 193–203, Zuerst erschienen in *Tumult*, Heft 4(1982), S. 131–142.

Martens, Ekkehard (2004). *Sokrates: eine Einführung.* 2. Auflage. Stuttgart: Reclam.

Martin, Joanne (1990). Deconstructing organizational taboos: The suppression of gender conflicts in organizations. In: *Organization Science*, 1, Nr. 4, S. 339–359.

Masterman, Margaret (1974). Die Natur eines Paradigmas. In: Lakatos, Imre & Musgrave, Alan (Hrsg.). *Kritik und Erkenntnisfortschritt. Abhandlungen des Internationalen Kolloquiums über die Philosophie der Wissenschaft, London 1965, Band 4.* Braunschweig: Vieweg, S. 59–88.

Maturana, Humberto R. (2001). *Was ist erkennen?: die Welt entsteht im Auge des Betrachters.* München: Goldmann.

Maturana, Humberto R. & Varela, Francisco J. (1997). *Der Baum der Erkenntnis: die biologischen Wurzeln des menschlichen Erkennens.* 7. Auflage. München: Goldmann, Goldmann.

Maurer, Ingmar (2009). *Führungskräftecoaching: eine Studie zur Wirksamkeit von prozessorientierten Interventionstechniken bei der Problemklärung.* Marburg: Tectum-Verl..

Mayer, Bernd Michael (2003). *Systemische Managementtrainings Theorieansätze und Lernarchitekturen im Vergleich Bernd Michael Mayer.* 1. Auflage. Heidelberg: Carl-Auer-Systeme Verlag.

Meffert, Heribert (2000). *Marketing: Grundlagen marktorientierter Unternehmensführung ; Konzepte, Instrumente, Praxisbeispiele.* 9. Auflage. Wiesbaden: Gabler, Meffert-Marketing-Edition.

Merton, R.K. (1972). Wissenschaft und demokratische Sozialstruktur. In: Weingart, Peter (Hrsg.). *Wissschaftssoziologie I. Wissenschaftliche Entwicklung als sozialer Prozeß.* Frankfurt am Main: Athenäum-Fischer-Taschenbuch-Verl., S. 45–59.

Mitchell, Sandra (2008). *Komplexitäten: warum wir erst anfangen, die Welt zu verstehen.* Frankfurt am Main: Suhrkamp.

Moldaschl, Manfred (2009). Beratung als Wissenschaft, als Profession oder Kunst? In: Möller, Heidi & Hausinger, Brigitte (Hrsg.). *Quo vadis Beratungswissenschaft?* Wiesbaden: VS Verlag für Sozialwissenschaften, S. 19–41.

Möller, Hans-Jürgen (2008). Methodik empirischer Forschung. In: Möller, Hans-Jürgen; Laux, Gerd & Kapfhammer, Hans-Peter (Hrsg.). *Psychiatrie und Psychotherapie.* Berlin Heidelberg: Springer, S. 345–367.

Möller, Heidi (2009). Quo vadis Beratungswissenschaft? In: Möller, Heidi & Hausinger, Brigitte (Hrsg.). *Quo vadis Beratungswissenschaft?* Wiesbaden: VS Verlag für Sozialwissenschaften, S. 7–17.

Nestmann, Frank; Engel, Frank & Sickendiek, Ursel (Hrsg.) **(2007).** *Das Handbuch der Beratung. Ansätze, Methoden und Felder.* Band 2, 2. Auflage. Tübingen: dgvt-Verl..

Neurath, Otto (2006). Protokollsätze. In: Stöltzner, Michael & Uebel, Thomas E. (Hrsg.). *Wiener Kreis: Texte zur wissenschaftlichen Weltauffassung von Rudolf Carnap, Otto Neurath, Moritz Schlick, Philipp Frank, Hans Hahn, Karl Menger, Edgar Zilsel und Gustav Bergmann.* Hamburg: Meiner, S. 399–429, Zuerst erschienen in Erkenntnis 3 (1932), S. 204–214.

Nicklisch, Heinrich (1922). *Wirtschaftliche Betriebslehre.* 6. Auflage. Stuttgart: Poeschel.

Nicklisch, Heinrich (1932). *Die Betriebswirtschaft.* 7. Auflage. Stuttgart: Poeschel.

Offermanns, Martina (2004). *Braucht Coaching einen Coach? Eine evaluative Pilotstudie.* 1. Auflage. Stuttgart: ibidem-Verl..

Parfy, Erwin (1996). Zur Integration von psychotherapeutischen Theorien uterschiedlicher Herkunft. In: Hutterer-Krisch, Renate **et al.** (Hrsg.). *Psychotherapie als Wissenschaft - Fragen der Ethik*. Wien: Facultas-Univ.-Verl., S. 161–190.

Petzold, Hilarion (2007). Mehrperspektivität – ein Metakonzept für Modellpluralität, konnektivierende Theorienbildung und sozialinterventives Handeln in der Integrativen Supervision (1994a). In: Petzold, Hilarion (Hrsg.). *Integrative Supervision, Meta-Consulting, Organisationsentwicklung*. VS Verlag für Sozialwissenschaften, S. 89–147.

Popper, Karl R. (2001). *Alles Leben ist Problemlösen: über Erkenntnis, Geschichte und Politik*. 6. Auflage. München: Piper.

Popper, Karl R. (2009). *Vermutungen und Widerlegungen: das Wachstum der wissenschaftlichen Erkenntnis*. 2. Auflage. Tübingen: Mohr Siebeck.

Popper, Karl Raimund (1973). *Logik der Forschung*. 5. Auflage. Tübingen: Mohr, Die Einheit der Gesellschaftswissenschaften ; 4.

Powell, Thomas C. (2003). Strategy without Ontology. In: *Strategic Management Journal*, 24, Nr. 3, S. 285.

Pörksen, Bernhard (2011). Schlüsselwerke des Konstruktivismus. Eine Einführung. In: Pörksen, Bernhard (Hrsg.). *Schlüsselwerke des Konstruktivismus*. 1. Auflage. Wiesbaden: VS Verlag für Sozialwissenschaften, S. 13–28.

Quitmann, Helmut (1996). *Humanistische Psychologie: Psychologie, Philosophie, Organisationsentwicklung*. 3. Auflage. Göttingen u.a.: Hogrefe Verl. für Psychologie.

Raffée, Hans & Abel, Bodo (1979). Aufgaben und aktuelle Tendenzen der Wissenschaftstheorie in den Wissenschaften. In: Raffée, Hans & Abel, Bodo (Hrsg.). *Wissenschaftstheoretische Grundfragen der Wirtschaftswissenschaften*. München: Vahlen, S. 1–10.

Reed, Michael (2005a). Doing the Loco-Motion: Response to Contu and Willmott's Commentary on ‚The Realist Turn in Organization and Management Studies'. In: *Journal of Management Studies*, 42, Nr. 8, S. 1663–1673.

Reed, Michael (2005b). Reflections on the ‚Realist Turn' in Organization and Management Studies. In: *Journal of Management Studies*, 42, Nr. 8, S. 1621–1644.

Reitmeyer, Thorsten (2000). *Qualität von Entscheidungsprozessen der Geschäftsleitung: eine empirische Untersuchung mittelständischer Unternehmen*. Wiesbaden: DUV.

Rheinberg, Falko & Salisch, Maria von (2008). *Motivation*. 7. Auflage. Stuttgart: Kohlhammer.

Richter, Matthias (2005). *Verstehen und Beziehung in der Psychotherapie Das Wesen der Empathie und deren Erfassungsversuche in der Psychotherapieforschung*. http://www.ub.uni-heidelberg.de/archiv/10439 [Abfrage am 4.7.2011], Heidelberg, Univ., Diplomarbeit, 2005.

Ricœur, Paul (1974). *Hermeneutik und Psychoanalyse*. München: Kösel.

Rieger, Wilhelm (1928). *Einfuehrung in die Privatwirtschaftslehre*. Nürnberg: Krisch.

Rogers, Carl R. (2009). *Eine Theorie der Psychotherapie, der Persönlichkeit und der zwischenmenschlichen Beziehungen*. Band 8, Personzentrierte Beratung & Therapie. 1. Auflage. München Basel: Reinhardt.

Schanz, Günther (1977). *Grundlagen der verhaltenstheoretischen Betriebswirtschaftslehre*. 1. Auflage. Tübingen: Mohr, Mannheim, Zugl.: Mannheim, Univ., Habil.-Schr., 1977.

Scheibe, Erhard (2006). *Die Philosophie der Physiker*. München: Beck.

Schiessler, Bettina (2010). *Coaching als Maßnahme der Personalentwicklung: aktuelle Praxis, Analyse und wissenschaftlicher Ansatz für eine einheitliche Coachingmethodik*. 1. Auflage. Wiesbaden: VS Verl. für Sozialwissenschaften.

Schlippe, Arist von & Schweitzer, Jochen (2007). *Lehrbuch der systemischen Therapie und Beratung*. 10. Auflage. Göttingen: Vandenhoeck & Ruprecht.

Schmalenbach, Eugen (1911). Die Privatwirtschaftslehre als Kunstlehre. In: *Zeitschrift für handelswissenschaftliche Forschung*, 6, S. 304–316, Nachdruck in ZfbF (NF) 22 (1970), S. 490–498.

Schmid, Peter F. (2007). Begnung von Person zu Person. In: Kriz, Jürgen & Slunecko, Thomas (Hrsg.). *Gesprächspsychotherapie: die therapeutische Vielfalt des personzentrierten Ansatzes*. 1. Auflage. Wien: Facultas, S. 34–48.

Schneider, Norbert (2006). *Erkenntnistheorie im 20. Jahrhundert: klassische Positionen*. Stuttgart: Reclam.

Schreyögg, Astrid (2009). Die Wissensstruktur von Coaching. In: Birgmeier, Bernd (Hrsg.). *Coachingwissen*. Wiesbaden: VS Verlag für Sozialwissenschaften, S. 47–60.

Schwertl, Walter (2009). *Business-Coaching: der Coach als Mountain-Guide und Hofnarr*. 1. Auflage. Wiesbaden: Verl. für Sozialwiss..

Schönwälder-Kuntze, Tatjana; Wille, Katrin & Hölscher, Thomas (2009). *George Spencer Brown: eine Einführung in die „Laws of Form"*. 2. Auflage. Wiesbaden: VS Verl. für Sozialwiss..

Schütz, Judith (2004). *Die duale Erklärung von Organisation als Handlungssystem. Eine theoretische und empirische Spurensuche*.St. Gallen, Zugl.: St. Gallen, Univ., Diss., 2004.

Sichler, Ralph (2010). Hermeneutik. In: Mey, Günter & Mruck, Katja (Hrsg.). *Handbuch Qualitative Forschung in der Psychologie*. Wiesbaden: VS Verlag für Sozialwissenschaften, S. 50–64.

Siemoneit, Oliver (2010). *Eine Wissenschaftstheorie der Betriebswirtschaftslehre Wissensformen, Erkenntnismethoden und Forschungskonzeptionen einer verwissenschaftlichten Technikleh-re*.Stuttgart, Zugl.: Stuttgart, Univ., Diss., 2009.

Simon, Fritz B. (1999). *Unterschiede, die Unterschiede machen: klinische Epistemologie: Grundlage einer systemischen Psychiatrie und Psychosomatik*. 3. Auflage. Frankfurt am Main: Suhrkamp.

Simon, Fritz B. (2007). *Einführung in Systemtheorie und Konstruktivismus*. 2. Auflage. Heidelberg: Carl-Auer-Verl..

Simon, Fritz B. (2009). *Einführung in die systemische Wirtschaftstheorie*. 1. Auflage. Heidelberg: Carl-Auer Verl..

Simon, Fritz B.; Clement, Ulrich & Stierlin, Helm (2004). *Die Sprache der Familientherapie: ein Vokabular ; kritischer Überblick und Integration systemtherapeutischer Begriffe, Konzepte und Methoden*. 6. Auflage. Stuttgart: Klett-Cotta.

Speierer, Gert-Walter (2006). Das Differenzielle Inkongruenz Modell (DIM). In: Straumann, Ursula & Zimmermann-Lotz, Christiane (Hrsg.). *Personzentriertes Coaching und Supervision - ein interdisziplinärer Balanceakt*. Kröning: Asanger, S. 103–116.

Spencer-Brown, George (1997). *Laws of form = Gesetze der Form*. Lübeck: Bohmeier.

Steenblock, Volker (2006). *Praktische Philosophie, Ethik: ein Studienbuch*. 3. Auflage. Berlin: Lit.

Stegmüller, Wolfgang (1973a). *Theorie und Erfahrung. Teil D – Logische Analyse der Struktur ausgereifter physikalischer Theorien. ‚Non-statement view' von Theorien*. Band II, Probleme und Resultate der Wissenschaftstheorie und Analytischen Philosophie. Studienausgabe. 1. Auflage. Berlin u.a.: Springer.

Stegmüller, Wolfgang (1973b). *Theorie und Erfahrung. Teil E - Theoriendynamik. Normale Wissenschaft und wissenschaftliche Revolutionen. Methodologie der Forschungsprogramme oder epistemologische Anarchie?* Band II, Probleme und Resultate der Wissenschaftstheorie und Analytischen Philosophie. Studienausgabe. 1. Auflage. Berlin u.a.: Springer.

Stephan, Michael & Gross, Peter-Paul (2011). Coaching aus wirtschaftswissenschaftlicher Sicht – Ergebnisse der Marburger Coaching Studie 2009 . In: Stephan, Michael & Gross, Peter-Paul (Hrsg.). *Organisation und Marketing von Coaching. Aktueller Stand in Forschung und Praxis*. 1. Auflage. Wiesbaden: VS Verlag für Sozialwissenschaften, S. 3–34.

Straub, Jürgen (2010). Erzähltheorie/Narration. In: Mey, Günter & Mruck, Katja (Hrsg.). *Handbuch Qualitative Forschung in der Psychologie*. Wiesbaden: VS Verlag für Sozialwissenschaften, S. 136–150.

Straumann, Ursula & Zimmermann-Lotz, Christiane (2006). Personenzentriertes Coaching und Supervison im Balancemodell: differenziell und multidimensional, interdisziplinär und integrativ. In: Straumann, Ursula & Zimmermann-Lotz, Christiane (Hrsg.). *Personzentriertes Coaching und Supervision – ein interdisziplinärer Balanceakt*. Kröning: Asanger, S. 27–59.

Strautmann, Ursula E. (2007). Klientenzentrierte Beratung. In: Nestmann, Frank; Engel, Frank & Sickendiek, Ursel (Hrsg.). *Das Handbuch der Beratung, Band 2: Ansätze, Methoden und Felder*. 2. Auflage. Tübingen: dgvt-Verl., S. 641–653.

Strikker, Heidrun & Strikker, Frank (2009). Komplementär-Coaching: Herausforderungen an Coaching im Change und in der Krise. Eine theoretische Annäherung. In: Birgmeier, Bernd (Hrsg.). *Coachingwissen: denn sie wissen nicht, was sie tun?* 1. Auflage. Wiesbaden: Verl. für Sozialwiss., S. 337–351.

Suhm, Christian (2005). *Wissenschaftlicher Realismus: eine Studie zur Realismus-Antirealismus-Debatte in der neueren Wissenschaftstheorie*. Frankfurt am Main: Ontos-Verl..

Sydow, K. (2007). Systemische Psychotherapie (mit Familien, Paaren und Einzelnen). In: Reimer, Christian **et al.** (Hrsg.). *Psychotherapie: Ein Lehrbuch für Ärzte und Psychologen*. Berlin Heidelberg: Springer, S. 289–315.

Taffertshofer, Andreas (2009). Der Coaching-Boom. Eine Printmedienanalyse. In: Galdynski, Karolina & Kühl, Stefan (Hrsg.). *Black-Box Beratung?: Empirische Studien zu Coaching und Supervision*. 1. Auflage. Wiesbaden: Verl. für Sozialwiss., S. 29–46.

Ulrich, Hans (1985). Von der Betriebswirtschaftslehre zur systemorientierten Managementlehre. In: Wunderer, Rolf (Hrsg.). *Betriebswirtschaftslehre als Management und Führungslehre*. Stuttgart: Schäffer-Poeschel, S. 3–32.

Vollmer, Gerhard (2002). *Evolutionäre Erkenntnistheorie. Angeborene Erkenntnisstrukturen im Kontext von Biologie, Psychologie, Linguistik, Philosophie und Wissenschaftstheorie*. 8. Auflage. Stuttgart: Hirzel.

Wagner, Barbara (2007). Epistemologie. In: Stumm, Gerhard & Pritz, Alfred (Hrsg.). *Wörterbuch der Psychotherapie*. Wien: Springer-Verlag, S. 169.

Walach, Harald (2009). *Psychologie: Wissenschaftstheorie, philosophische Grundlagen und Geschichte* . 2. Auflage. Stuttgart: Kohlhammer.

Weber, Jürgen (1998). *Einführung in das Controlling*. 7. Auflage. Stuttgart: Schäffer-Poeschel.

Wegener, Robert; Fritze, Agnès & Loebbert, Michael (Hrsg.) **(2011)**. *Coaching entwickeln – Forschung und Praxis im Dialog*. 1. Auflage. Wiesbaden: VS Verlag für Sozialwissenschaften.

Weik, Elke (2003). Postmoderne Theorie und Theorien der Postmoderne. In: Weik, Elke & Lang, Rainhart (Hrsg.). *Moderne Organisationstheorien 2 – Strukturorientierte Ansätze*. 1. Auflage. Wiesbaden: Gabler, S. 95–119.

Weingart, Peter (2010). Wissenschaftssoziologie. In: Simon, Dagmar; Knie, Andreas & Hornbostel, Stefan (Hrsg.). *Handbuch Wissenschaftspolitik*. Wiesbaden: VS Verlag für Sozialwissenschaften, S. 118–129.

Welsch, Wolfgang (2008). *Unsere postmoderne Moderne*. 7. Auflage. Berlin: Akademie Verlag.

Welsh, Caroline (2009). Die „Stimmung" im Spannungsfeld zwischen Natur- und Geisteswissenschaften. In: *NTM Zeitschrift für Geschichte der Wissenschaften, Technik und Medizin*, 17, Nr. 2, S. 135–169.

Wendel, Hans Jürgen (1992). Radikaler Konstruktivismus und Konstruktionismus. In: *Journal for General Philosophy of Science*, 23, Nr. 2, S. 323–352.

Wimmer, Rudolf (2009). Systemische Organisationsberatung - Organisationsverständnis und künftige Herausforderungen. In: Pühl, Harald (Hrsg.). *Handbuch Supervision und Organisationsentwicklung*. 3. Auflage. Wiesbaden: VS Verlag für Sozialwissenschaften.

Worrall, John (1980). Wie die Methodologie der wissenschaftlichen Forschungsprogramme die Poppersche Methodologie verbessert. In: Radnitzky, Gerard & Andersson, Gunnar (Hrsg.). *Fortschritt und Rationalität der Wissenschaft*. Band 24, Tübingen: Mohr (Siebeck), S. 51–78.

Wrona, Thomas (2006). Fortschritts- und Gütekriterien im Rahmen qualitativer Sozialforschung. In: Zelewski, Stephan & Akca, Naciye (Hrsg.). *Fortschritt in den Wirtschaftswissenschaften: wissenschaftstheoretische Grundlagen und exemplarische Anwendungen*. 1. Auflage. Wiesbaden: Dt. Univ.-Verl., S. 190–216.

Zelewski, Stephan (2007). Beurteilung betriebswirtschaftlichen Fortschritts. In: *Die Betriebswirtschaft*, 67, Nr. 4, S. 445–481.

Stichwortverzeichnis

Personenverzeichnis

The manufacturer's authorised representative in the EU is Springer Nature Customer Service Centre GmbH, Europaplatz 3, 69115 Heidelberg, Germany. If you have any concerns regarding our products, please contact ProductSafety@springernature.com

Printed and bound by CPI Group (UK) Ltd, Croydon, CR0 4YY
27/04/2026
02097648-0001